永遠の映画大国
イタリア名画１２０年史

古賀 太
Koga

a pilot of wisdom

目次

図版レイアウト／ＭＯＴＨＥＲ

本文中の映画タイトルにつづく（　）の中の西暦は、映画の製作年をあらわしています。

また、「未」は本邦未公開、「Ｖ」は劇場公開せずに、ＶＨＳやＤＶＤのみ発売された作品です。

序章　イタリアが映画大国であるわけ

（一）イタリア映画と日本

この本を手に取った方は、「映画大国イタリア」という言葉に驚かれたかもしれない。アメリカやフランスならまだしも、イタリアがそうだろうかと。最近ではイタリア映画が日本で劇場公開されるのは年に五、六本。アメリカやフランスはもちろんのこと、韓国や中国の映画よりも少ないため、そう思われるのも無理はないだろう。しかし、一九六〇年代から九〇年頃まででは、劇場で公開されるイタリア映画の数は年に約二〇本から三〇本。多い年は六〇本前後が公開されて、フランス映画を上回った。さらに、サイレント時代の一九一〇年から二〇年代前半にかけては、最大年一〇〇本を超すイタリア映画が公開されていた。

映画の歴史におけるイタリア映画の重要度は、その公開本数に留《とど》まらない。サイレント期、イタリア映画では古代ローマを豪華なセットで描く「史劇」が隆盛を極めたが、それが「アメリカ映画の父」Ｄ・Ｗ・グリフィス監督をはじめとするアメリカ映画に大きな影響を与えた。また、その同時期に「ディーヴァ」と呼ばれる華麗な女優の出演する映画が世界を魅了した。

ムッソリーニによるファシズム期のなか一九三〇年代以降には、ヴェネツィア国際映画祭、チネチッタ撮影所、映画実験センター（国立映画学校）などが次々に創設され、世界に先んじて国家が映画産業を支える仕組みができた。そこではプロパガンダ映画に混じって、良質なコメディや「ネオレアリズモ」の先駆となる作品が生み出された。

戦後すぐの『無防備都市』（一九四五年）や『自転車泥棒』（一九四八年）などのネオレアリズモの運動は、日本では黒澤明や今井正などに影響を与え、フランスのジャン＝リュック・ゴダールらのヌーヴェル・ヴァーグを生み出し、現代映画の原型となった。

ネオレアリズモから出てきた『道』（一九五四年）のフェデリコ・フェリーニ、『情事』（一九六〇年）のミケランジェロ・アントニオーニ、『山猫』（一九六三年）のルキーノ・ヴィスコンティなどがきら星のように活躍した六〇年代までは、日本では量質ともにフランス映画を凌駕《りょうが》するほど人気があった。グラマーな女優たちも話題になり、ソフィア・ローレンは日本のＣＭにも出ていた。

一方で六〇年代以降は、イタリア製の西部劇「マカロニ・ウエスタン」も一世を風靡《ふうび》した。あるいはマリオ・バーヴァ監督らによる「イタリアン・ホラー」、さらには「モンド映画」と呼ばれる残酷ものやお色気ものなどの大衆路線でも知られていた。

近年もベルナルド・ベルトルッチ『ラストエンペラー』（一九八七年）、ジュゼッペ・トルナトーレ『ニュー・シネマ・パラダイス』（一九八八年）、ロベルト・ベニーニ『ライフ・イズ・ビューティフル』（一九九七年）、マッテオ・ガッローネ『ゴモラ』（二〇〇八年）、ルカ・グァダニーノ『君の名前で僕を呼んで』（二〇一七年）など話題のヒット作を絶えず世界中に送り込んでいる。

イタリアは、れっきとした「映画大国」なのである。

私は朝日新聞社につとめていた二〇〇一年に、「イタリア映画祭」を立ち上げた。このイベントは現在もゴールデンウィークに開かれ、毎年一週間で一万人を超す観客を集める。そうしたことからも、いまだにイタリア映画に対する人気と盛り上がりが衰えていないことがわかるだろう。

しかし、これまで日本においてイタリア映画史の本は、ほとんど刊行されていない。一九五三年の飯島正著『イタリア映画史』が長いあいだ唯一で、一九七六年にキネマ旬報社の『世界の映画作家』の一冊として「イギリス映画史／イタリア映画史」という形で吉村信次郎が書いているのみだ。二〇〇八年には、ジャン・ピエロ・ブルネッタ著の分厚い翻訳書『イタリア映画史入門』が加わったが、これは長さも内容も専門書に近い。

この本は、日本におけるイタリア映画をめぐる長年の欠落を埋めるべく、イタリア映画の起源から現在までを追いかけながら、わかりやすく説明するガイドとして書いていこうと思う。

(二) イタリア映画らしさとは「地方色」

イタリア映画らしさとは何だろうか。私はイタリア映画と言えば、まず豊かな大地や森や海の濃厚な色あいや匂いを思い出す。映画は、匂いは表現できないにもかかわらず。

例えばルキーノ・ヴィスコンティの『揺れる大地』(一九四八年)。本作はシチリアの貧しい漁村に暮らす人々の過酷な労働を描いたものだが、全編にイワシの匂いが漂う。あるいは、ピエル・パオロ・パゾリーニの『テオレマ』(一九六八年)では家族が住むミラノ郊外の豪華な邸宅から、どことなく倦怠《けんたい》の腐臭が終始漂う。ベルナルド・ベルトルッチの『1900年』(一九七六年)の終盤、ファシストに勝利したエミリア＝ロマーニャ地方の農民たちが持つ継ぎはぎだらけの大きな赤い旗からは、乾いた大地の香りと農民たちの喜びが舞う。パオロ＆ヴィットリオ・タヴィアーニ兄弟の『カオス・シチリア物語』（一九八四年）の最後の回想シーンでは、地中海の島の真っ白な丘からどこまでも青い海に飛び込んでゆく白い服を着た少年少女たちの姿に、「これぞイタリア」と感じ入ってしまう。

考えてみたら、イタリア映画の多くは、各地の特色がなければ作品が成立しないくらい、その土地と結び付いている。この地方色の強さは、映画の多くがパリを舞台とするフランス映画とは大きく異なっている。ロベルト・ロッセリーニの『戦火のかなた』（一九四六年）は連合国軍によるイタリアの解放を南のシチリアから、ナポリ、ローマ、フィレンツェ、エミリア＝ロマーニャ州の山の中の僧院、北部のポー川まで六つに分けて描く。この映画を見ると、現れる各地の光景がまるで別の国のようにまったく異なることに気がつく。マルコ・トゥリオ・ジョルダーナ監督が六時間超で半世紀近くにわたる物語を描く『輝ける青春』（二〇〇三年）では、ローマ、トリノ、パレルモ、フィレンツェといった都市が順に舞台になるが、家も土も木々も、みんな色も形も違う。

この地方色の強さは、現在「イタリア」と呼ばれる国が統一されたのが一九世紀後半と、最近の出来事であることが一番の理由だろう。イタリア語で「リソルジメント」と呼ばれるイタリア統一運動は一八世紀末に始まり、一九世紀初頭にイタリアの大半を支配していたナポレオンが失脚した一八一四年から盛んになった。それからオーストリア＝ハンガリー帝国領のトリエステなどを除いて統一がなされたのが、一八七〇年である。

それまでは、一〇ほどの小国がひしめき合っていた。例えばナポレオン占領前の一八世紀末の地図を見ると、北からサルデーニャ王国、ジェノヴァ共和国、トレント司教領、ヴェネツィア共和国、パルマ公国、モデナ公国、ルッカ共和国、トスカーナ大公国、教皇領、両シチリア王国と並んでいる。イタリアに行くとわかるが、今でも地方ごとに風景も建物も習慣も料理も言葉も相当に違う。イタリア語が多少できても、ナポリやシチリアに行くと地元の人々の話す言葉は半分も理解できない。前述の『揺れる大地』はシチリア方言で撮影されているため、イタリア語のナレーションが加わっている。最近の映画でも、ナポリをはじめとして南部で撮影された映画にはイタリア語字幕が付くことが多い。地方ごとの大きな違いはカメラで現実を写し取る映画の場合、むしろ強調されることが多いように思う。

(三)「地方色」からリアリズムへ

各地に多様な地方色があることは、映画という現実を写し取る芸術において、リアリズムの生まれる契機となるのではないか。イタリア映画と言えば「ネオレアリズモ」＝「新しいリアリズム」が有名だ。第二次世界大戦直後に製作された『無防備都市』（ロベルト・ロッセリーニ監督、一九四五年）はナチスドイツ占領下のローマでのレジスタンス運動を描き、『靴みがき』（ヴィットリオ・デ・シーカ監督、一九四六年）はローマで占領軍兵士相手に靴を磨く二人の少年を描いた。これらの映画は戦中戦後の厳しい「現実」をそのまま切り取って描き世界に衝撃を与えたが、以後現在にいたるまで優れたイタリア映画を語る時に「ネオレアリズモ」という言葉を聞かないことはない。例えば二〇〇八年カンヌ国際映画祭で審査員グランプリを受賞したマッテオ・ガッローネ監督『ゴモラ』についても、女性監督アリーチェ・ロルヴァケルが二〇一四年のカンヌ国際映画祭で同じく審査員グランプリを受賞した『夏をゆく人々』についても、「ネオレアリズモ」が言及される。

映画史家として名高い故リーノ・ミチケが映画実験センターおよび国立映画アーカイブの理事長をしていた時に、朝日新聞社の文化事業部に勤務していた私は、そのアーカイブが持つ古今のイタリア映画五五本を上映する「イタリア映画大回顧」を東京国立近代美術館フィルムセンター（現・国立映画アーカイブ）で企画した。その時彼に「イタリア映画全体に共通して見られる中心的な特徴は何か？」と訊《き》いたことがある。その答えは、「現実との緊張感」だった。さらに「様々なカテゴリーにまたがった倫理学的＝美学的意味での〝リアリズム〟は、イタリア映画界が背負う十字架であり、誇りでもあった」とも述べている。[*1]

(四) フランス映画にはないファンタジー性

「リアリズム」という言葉は一九五〇年代末から始まったヌーヴェル・ヴァーグ以降のフランス映画にもよく使われるが、イタリア映画がフランス映画と決定的に違うのは、一方でファンタジーの傾向があることだ。

まず、一九〇八年の『ポンペイ最後の日』に始まる「史劇」と呼ばれる歴史ものがある。その代表作と言われる『カビリア』(一九一四年)は紀元前三世紀の古代ローマとカルタゴのポエニ戦争を描いたものだが、カルタゴのモレク神を祀《まつ》る巨大な神殿のセットは今で言えばSFに近い。ほかにも『クォ・ヴァヂス(何処《どこ》へ行く)』(一九一三年)などの壮大なセットは世界を驚かせ、ドイツ表現主義やアメリカ映画のD・W・グリフィスに大きな影響を与えた。史劇は戦後にもネオレアリズモの時期にアレッサンドロ・ブラゼッティ監督『ファビオラ』(一九四八年)などの歴史大作として復活した。

史劇より少し後に流行した「ディーヴァ映画」もある意味でファンタジーと呼べる。演劇で有名なスター女優が中心となって繰り広げる大げさな演技も明らかにリアリズムを超えている。

『ミラノの奇蹟』（1951年）

これはイタリアでことさら栄えたオペラの影響もあるかもしれない。ソプラノ歌手がアリアを歌い上げる姿自体がどこかファンタジーである。

あるいはネオレアリズモ映画として知られるデ・シーカの『ミラノの奇蹟』（一九五一年）の終わりで少年たちがほうきで空を飛ぶシーンや、ネオレアリズモに強い影響を受けたフェリーニの単独監督第一作『白い酋長《しゅうちょう》』（一九五二年）で新婚旅行中の新妻が憧れのスターに会って撮影現場にまで行くシーンもファンタジーと言えるだろう。七〇年代以降のフェリーニはさらにファンタジーの要素が増してゆく。

そのほか、日本でも人気のある「マカロニ・ウエスタン」＝「イタリア式西部劇」もそうだ。このジャンルは、本来のアメリカ西部劇が西部開拓の正義感や詩情を描くのに対して、男たちの血と汗を描くリアリズムで知られる。しかしスローモーションを使いながらアクションを見せたり、残酷なシーンを続けたり、オペラのアリアのようにたっぷりとテーマ音楽を流すスタイルは、イタリア的なファンタジーと言えるだろう。

同じく一九六〇年代に始まった「イタリアン・ホラー」と呼ばれる一連の恐怖映画もヨーロッパでは珍しいジャンルで、ファンタジーの一つだろう。『血ぬられた墓標』（一九六〇年）のマリオ・バーヴァに始まって『サスペリア』（一九七七年）のダリオ・アルジェントや『サンゲリア』（一九七九年）のルチオ・フルチにいたるホラー映画の数々はアメリカ映画をはじめ世界中に大きな影響を与えた。

二〇一八年に人気監督のルカ・グァダニーノが『サスペリア』をリメイクしたように、ホラー志向は今も続く。現在にいたるまで、イタリア映画は地方色を伴うリアリズムを基調にしながらも、時おりファンタジー的な映画を生み出していると言えるのではないだろうか。

(五) イタリア映画の国際性

イタリア映画に多くの外国人俳優が出ていたり、イタリアの監督が海外で活躍したりするのが気になった映画ファンは多いのではないだろうか。例えばベルナルド・ベルトルッチ監督の『1900年』の主演はアメリカのロバート・デ・ニーロ、フランスのジェラール・ドゥパルデューとドミニク・サンダだし、最近だとルカ・グァダニーノ監督の『君の名前で僕を呼んで』の主演はアメリカ生まれのティモシー・シャラメで、作中でも英語を中心にフランス語、イタリア語が入り混じる。

実はこれも戦後のイタリア映画の特徴の一つである。こうした作品はあまりに多いので、有名な監督に限って述べたい。ロベルト・ロッセリーニのもとにはスウェーデン出身のハリウッド・スター、イングリッド・バーグマンがやってきて『ストロンボリ』（一九五〇年）をはじめとして六本の作品を残した。ルキーノ・ヴィスコンティの『若者のすべて』（一九六〇年）はフランスのアラン・ドロンとアニー・ジラルドが主演だし、次の『山猫』にはドロンに加えてバート・ランカスターが出ている。『地獄に堕《お》ちた勇者ども』（一九六九年）、『ベニスに死す』（一九七一年）といった「ドイツ三部作」にはダーク・ボガード、ヘルムート・バーガーなどが出ており『家族の肖像』（一九七四年）にはバート・ランカスターとヘルムート・バーガーが出ている。

ヴィットリオ・デ・シーカの場合はアメリカとの合作『終着駅』（一九五三年）でジェニファ

ー・ジョーンズとモンゴメリー・クリフト、『紳士泥棒　大ゴールデン作戦』（一九六六年）にピーター・セラーズ、『女と女と女たち』（一九六七年）のシャーリー・マクレーンなどが挙げられる。フェデリコ・フェリーニでは『道』（一九五四年）のアンソニー・クインに始まって、『甘い生活』（一九六〇年）のアニタ・エクバーグとアヌーク・エーメ、『カサノバ』（一九七六年）のドナルド・サザーランドなどが印象に残る。

「イタリア式西部劇」においてはセルジオ・レオーネ監督『荒野の用心棒』（一九六四年）のクリント・イーストウッドをはじめとして、リー・ヴァン・クリーフ、チャールズ・ブロンソン、ルー・カステルなど外国人が多い。また同じ六〇年代から始まるホラー映画にも多数の外国人が出ている。セルジオ・レオーネが当初ボブ・ロバートソンと名乗っていたように、イタリアの俳優や監督が英語の名前を名乗っている場合さえある。

ミケランジェロ・アントニオーニ監督は『欲望』（一九六六年）以降、ベルナルド・ベルトルッチ監督は『ラストエンペラー』（一九八七年）以降に何本も海外で撮影している。現代では前述のルカ・グァダニーノ監督や『幸せのちから』（二〇〇六年）のガブリエレ・ムッチーノ監督が外国で活躍している。一九五〇年代から七〇年代にかけて、イタリア映画は日本を含む世界を席巻《せっけん》していた。海外に売り込むためにはアメリカやフランスと合作をし、多くの外国人俳優を起用する必要があった。イタリア映画が不況に陥った一九八〇年代以降は、海外に進出して活躍する監督が増えた。俳優のヴァレリア・ゴリーノやモニカ・ベルッチ、ジャンカルロ・ジャンニーニ、撮影監督のヴィットリオ・ストラーロやカルロ・ディ・パルマ、音楽のエンニオ・モリコーネもそうである。イタリア映画のこの「国際性」は「地方色」と矛盾することなく、両立している。

このように、イタリア映画は「地方色」、「リアリズム」、「ファンタジー」、「国際性」を中心に約一二〇年もの歴史を築いてきた。次章からは、全八章にわたって一九〇五年から現代にいたるまでの歴史を見ていこう。

第一章　百花繚乱のサイレント時代

(一) イタリア映画はいつ始まったのか

一般的なイタリア映画史の本は、一九〇五年のフィロテオ・アルベリーニ監督『ローマ占領』(未)から始まる場合が多い。先述のジャン・ピエロ・ブルネッタの『イタリア映画史入門』(原著二〇〇三年刊)が「1905―2003」の副題を持つのはこの映画を起点としているからだし、パリのポンピドゥー・センターで一九八六年に開かれた「イタリア映画　一九〇五―一九四五」のカタログには「『ローマ占領』から『無防備都市』まで」という副題が書かれている。[*1]

ではそれ以前にはイタリアで映画が作られなかったのかと言えば、そんなことはない。まず、映画誕生以前の歴史＝映画前史においてもイタリアは重要な役割を果たしている。映画の原型の一つに「カメラ・オブスクーラ」がある。これはいわゆる暗箱で、閉じた箱や部屋の小さな穴を通じて外の世界が上下逆の倒立像で映し出される仕組みだが、ルネサンス期においてレオナルド・ダ・ヴィンチをはじめとするイタリアの画家たちはこれを使って絵を描き、遠近法を確立したと言われている。それを数十年後に理論化したのが、イタリアのジョヴァンニ・バティスタ・デラ・ポルタで、『自然魔術』（一五五八年）においてカメラ・オブスクーラの技術を詳細に分析し、写真と共に映画の原理となる残像効果についても触れている。

さて、映画史の定説では、まずアメリカのトーマス・A・エジソンが一八九四年四月にのぞき穴式のキネトスコープを用いてニューヨークで最初の興行をし、翌九五年一二月にフランスのリュミエール兄弟が投影式のシネマトグラフによる有料上映会をパリで開いたことが、「映画の始まり」とされている。実際はそれほど単純な話ではないが、この二者だけが資金力も豊富で撮影機や映写機を量産して、日本を含む世界中で上映合戦を繰り広げ、同時に各地の光景を映画に収めて、それを現在にいたるまで保存することができたのは事実である。

フランスと国境を接するイタリアではエジソンのキネトスコープやヴァイタスコープ（投影式）も輸入されたが、リュミエール兄弟のシネマトグラフの存在感が圧倒的だった。一八九五年一二月二八日のパリでの初上映後、翌年の三月一三日にはローマでシネマトグラフが上映された。その後、ミラノ、ナポリ、ジェノヴァ、ヴェネツィア、トリノとその年のうちに大都市で上映されている。

リュミエール兄弟は世界各地の代理人と契約を結んで売り上げの約半分を納めさせたが、その興行を監視し、同時に各地の映像を撮るために若い技師を派遣している。彼らが撮った一分足らずの映像は番号を打たれ、現在一四〇〇本を超える映像が残されている。そこにはイタリア各地で撮られた六〇を超す映像があるが、なかでもアレクサンドル・プロミオがヴェネツィアの運河を進むゴンドラの上にカメラを置いて撮影した「船から撮影された大運河のパノラマ」は初期の移動撮影の成功例として有名である。

隣国のフランスからリュミエール兄弟の映像が次々と送られてきたために、イタリア独自の方法で映画を撮る動きはなかなか生まれなかったが、何人かの個性的な映画人がいる。なかでも特筆すべきはレオポルド・フレゴリだろう。一八六七年生まれでシネマトグラフが上映された時にはすでに七変化の喜劇役者として世界各地で公演をしていたが、リュミエール兄弟が代理人制度を止めてシネマトグラフを機械として売り出した時に購入し、それを「フレゴリグラフ」と名付け、一八九八年から一九〇〇年頃まで活躍した。彼は自分の舞台の合間に自らが早変わりで変装した映像を上映して自分で声を出したというが、現在残っている映像を見る限り、

『月世界旅行』（一九〇二年）で知られるフランスのジョルジュ・メリエスのようなカメラを停止して変装するトリックは使っておらず、あくまでカメラを回し続けながらその中でパフォーマンスを見せている。

当時の映画はほかのヨーロッパの国々と同様、興行主が全国各地の芝居小屋や祭などを巡回して見世物として上映するものだったが、「コンメディア・デラルテ」と呼ばれる仮面喜劇の巡回公演の伝統があったイタリアではうまく機能した。最初の常設映画館は一八九八年にトリノに作られた「スプレンドール」と言われるが、[*2]そのほかにローマやナポリでも映画館ができたようだ。

さて、前述の通りイタリア初の劇映画は、一九〇五年の『ローマ占領　一八七〇年九月二〇日』と言われている。この映画を監督したフィロテオ・アルベリーニは、実はリュミエール兄弟がパリで有料上映をした一八九五年一二月のひと月前に「キネトグラフォ」の特許を申請したが、実用化はできなかったようだ。彼はその後興行師として一八九九年にフィレンツェに映画館「レアーレ・チネマトグラフォ・リュミエール」を作り、一九〇四年にローマに「モデルノ」を創設した。この頃には各地の大都市で映画館が作られたが、一九〇五年からは製作会社も作られた。この年にジェノヴァでチネマトフォノ社が設立され、アルベリーニは『ローマ占領』を公開した直後に友人のサントーニとローマでアルベリーニ・エ・サントーニ社を創設し、翌年チネス社と改名した。一九〇六年、トリノでアルトゥーロ・アンブロージオはアンブロージオ社を作った。同じくトリノで一九〇七年、カルロ・ロッシは自らの名前の映画会社を作り、翌年イタラ・フィルム社とした。これらはサイレント映画で重要な役割を果たすが、そのほかにもトリノのアクイラ・フィルム社、パスクワーリ・フィルム社、ミラノのコメリオ＝SAFI社、ナポリのトロンコーニ兄弟社、連合映画制作会社など映画会社が続々と作られる。同じ時期のフランスはパリを中心に映画が発達したが、イタリアでは初期から各地に製作会社が興り、「地方色」のある映画を作っていたことになる。

さて『ローマ占領　一八七〇年九月二〇日』は、題名が示す通り、歴史ものである。サルデーニャ王国を中心としてできた統一イタリア軍が、ローマなどの教皇領に攻め入って勝利するまでを描いている。現在残っている映像を見ると、カメラは固定で当時すでにアメリカやイギリスやフランスで用いられていたクローズ・アップなどの映画的技法は使われていない。注目すべきは将軍や兵士の衣装の再現だろう。この最初の劇映画は、長年国民の悲願であり、三五年前に終結したばかりのイタリア統一運動を描いたためにヒットしたという。それからしばらくしてイタリアの「歴史もの」＝「史劇」が人気となり、一〇年近く世界各地でも上映されるほどの隆盛を見せることを考えると、この歴史もの映画は象徴的と言えるかもしれない。

（二）「史劇」の隆盛――『ポンペイ最後の日』から『カビリア』へ

トリノで友人ロベルト・オメーニャと共にアンブロージオ社を作ったアルトゥーロ・アンブロージオは、ルイジ・マッジやジョヴァンニ・ヴィットロッティを監督として記録映画を中心に撮っていたが、マッジと共同監督した『ポンペイ最後の日』（一九〇八年）で世界的な成功を収め、その後のイタリア映画の一ジャンルとして隆盛を極めた「史劇」の先駆的存在となった。リディア・デ・ロベルティスが盲目の美女ニディアを演じ、悲恋の中でヴェスヴィオ火山の大爆発に埋もれてゆくさまは大きな反響を呼び、フランスではイタリアと同時公開、翌年すぐにイギリス、ドイツ、オーストリア、アメリカでも公開された。日本でも一九一〇年に『ポンペイの末日』の題名で公開されている。その原作はイギリスのエドワード・ブルワー＝リットンの小説で、その後イタリア内外で何度か映画化された。アンブロージオ社は翌年『ネロ帝』をマッジ監督で作り、同じように日本を含む世界各地で上映されている。こちらは古代ローマの宮廷の人間模様を奥行きの深い画面で見せ、窓には大火に包まれるローマの群衆を写している。

史劇の流行には、フランスの映画界からの影響がある。フランスで『ギーズ公の暗殺』（一九〇八年）がヒットして、製作したフィルム・ダール社がフィルム・ダルテ・イタリアーナ社をローマに作り、文学や戯曲の映画化を進めたことも影響した。アンブロージオ社は、それに対抗して文芸・史劇映画を作る「黄金シリーズ」を始めた。『ネロ帝』はその二本目だった。また、一九〇九年にミラノで第一回世界映画コンクールが開かれ、イタリアとフランスを中心に、アメリカ、イギリス、ロシア、スウェーデンなどの映画が七〇本上映されたが、『ネロ帝』などイタリア史劇映画が高い評価を得たことも大きな自信となった。[*3]

ローマのチネス社は一九〇六年にフランスのパテ社からガストン・ヴェル監督を引き抜いて数本を撮らせたが、マリオ・カゼリーニはガストン・ヴェルのもとで助手をつとめた後に、時代ものを監督し始める。ローマ時代、フランス革命、ジャンヌ・ダルク、シェイクスピアものなどを手がけ、『ベアトリーチェ・チェンチ』（一九〇九年、未）では、初めてローマのサンタンジェロ城でロケをし、ポスターにはイタリアで初めて監督と俳優の名前が載った。

ただ、ここまで紹介してきたイタリア映画は、フィルムが一〇〇メートルから三〇〇メートル（一八齣《コマ》／秒の上映で約五分から一五分超）の短編である。イタリア映画の最初の長編は、一九一一年、ミラノのミラノ・フィルム社の『地獄篇《へん》』（未）で一三〇〇メートル（約七〇分）あった。ダンテの『神曲』の『地獄篇』を原作とし、フランスのギュスターヴ・ドレの挿絵を参考にしてフランチェスコ・ベルトリーニ、アドルフォ・パドヴァン、ジュゼッペ・デ・リグォーロの共同監督で作られた。この作品は成功し、その後は多くの長編史劇が作られることになった。確かに三部構成で五四場面からなる長編で、多重焼きやアップを使った巨人や罪人たちの今見ても恐ろしいほどの表現は、当時の観客に大きなインパクトを与えたに違いない。

この映画以降、同年のチネス社のジュリオ・アンタモーロ監督の『ピノッキオ』(未)は一五〇〇メートル、翌一九一二年のアンブロージオ社のルイジ・マッジ監督『悪魔《サタン》』は二〇〇〇メートルとどんどん長くなった。とりわけ『悪魔』の時代ごとの四部構成は、D・W・グリフィス監督『イントレランス』(一九一六年)に大きな影響を与えたと言われる。

そして一九一三年の三月、チネス社は六万リラというこれまでのイタリア映画で最大の予算を使って二〇〇〇メートルを超す『クォ・ヴァヂス』を発表した。原作はポーランドのノーベル文学賞作家、ヘンリク・シェンキエヴィッチの世界的ベストセラー、監督はエンリコ・グァッツォーニで、宮殿の豪華なパーティーで騒ぐ貴族たち、ローマの大火から逃げる群衆、円形競技場でキリスト教徒に襲いかかるライオンの群れなどを克明に描き、欧米の大劇場で上映されて大ヒットとなった。画家で舞台美術家でもあったグァッツォーニ監督は、空間の造形的構成にたけていた。

『カビリア』(1914年)

その年は四月に共にトリノのパスクワーリ・フィルム社とアンブロージオ社が『ポンペイ最後の日』を競作の形で発表するなど、映画界全体に史劇への盛り上がりが見られた。その集大成と言うべき作品が一九一四年、イタラ・フィルム社の三〇〇〇メートルを超す『カビリア』である。当初、同社は喜劇を得意分野としていたが、次第に『トロイの陥落』(一九一一年、未)などの史劇を作り始めた。

『カビリア』は古代ローマとカルタゴ(現・チュニジア)のポエニ戦争を背景に、火山爆発の混乱でカルタゴに連れ去られた娘カビリアが、成長してローマに帰りつくまでを描いた史劇である。カルタゴのモレク神殿をはじめとする巨大なセットは、D・W・グリフィスの『イントレランス』（一九一六年）のバビロニア編に模倣されることになった。監督のジョヴァンニ・パストローネは一八八三年生まれでイタラ・フィルム社の創立に参加したが、特殊撮影を担当したスペイン出身でパテ社からスカウトしたセグンド・デ・チョモンと共にカメラを台車に載せた移動撮影で特許を取り、これまでのイタリア映画にない華麗なカメラワークを見せた。

カビリアを救うフルヴィオとマチステのコミカルなコンビがこの映画のもう一つの魅力だが、筋骨隆々の怪力男マチステを演じたバルトロメオ・パガーノは話題となり、「マチステ」は人気キャラクターになった。監督のパストローネはイタラ社でプロデューサーも兼ねており、この映画の脚本も彼が手がけたが、映画の冒頭には当時の人気作家のガブリエーレ・ダヌンツィオの名前が出てくる。ただ、これは著名なダヌンツィオの名前を借りるために、お金を払って幕間字幕の手直しを依頼しただけだという。映画史家の小川佐和子は「『カビリア』は、イタリア独立運動記念の余波とそれに乗じて高揚していった植民地主義およびナショナリズム、さらに勃発したばかりの第一次世界大戦という歴史的文脈のなか、絶妙なタイミングで公開された」[*4]と評している。

(三) ディーヴァたちの登場──ボレッリ、ベルティーニ、メニケッリ

史劇より少し遅れて一九一三年頃に始まったのが、「ディーヴァ」(＝女神)と呼ばれる妖艶なスター女優を主人公にした現代劇である。当時すでに演劇で有名だった「三大ディーヴァ女優」のリダ・ボレッリ、フランチェスカ・ベルティーニ、ピナ・メニケッリが中心となったこの動きは、一九二〇年まで続いた。

最初に人気が出たのは優雅な容姿で人気があったリダ・ボレッリで、『されどわが愛は死なず』(一九一三年、未)は最初のディーヴァ映画と言われている。監督はチネス社やアンブロージオ社を経てトリノでグロリア芸術映画社の創設に参画したマリオ・カゼリーニで、この新しい映画会社初期の代表作となった。リダ・ボレッリは、長い髪をなびかせて長身をロングドレスに包んで薄い透けるようなショールを揺らし、悲しみや喜びを情感たっぷりに見せる。この映画では、彼女が劇場の楽屋で全身の映る三面鏡を前にして泣き叫ぶさまが、何度も長いショットで捉えられていて印象的だ。ボレッリの代表作と言われる『サタン狂騒曲』(一九一七年、チネス社、ニーノ・オシーリア監督、未)では、メフィストと契約を結んで若返る老婆アルバを演じる。若返った彼女がある兄弟を誘惑し、そのうち一人が自殺すると自分の過ちに気がついて

『されどわが愛は死なず』（1913年）

嘆く。ほとんどのシーンが華麗な演技を見せつける彼女だけを撮ったような作品である。

そのあとに名を上げたのが、フランチェスカ・ベルティーニだ。彼女の代表作はローマのカエザル・フィルム社製作『アッスンタ・スピーナ』（一九一五年）である。本作は、ベルティーニ自身がその夫のグスターヴォ・セレーナと共に共同監督をつとめ、劇中でもベルティーニが主人公アッスンタ・スピーナを、その恋人ミケーレ役をセレーナが演じている。物語は浮気なアッスンタに対して嫉妬深い恋人が殺人を犯してしまうという悲劇だが、興味深いのはナポリの港や街頭がロケで撮られていることだ。アッスンタもナポリで洗濯店を経営する庶民的な姿を見せており、一九世紀末のイタリアで盛ん

『アッスンタ・スピーナ』（1915年）

になった文学運動「ヴェリズモ」（真実主義）の影響を読み取れるし、四〇年代より流行するネオレアリズモの萌芽《ほうが》も感じられる。ちなみにベルティーニは舞台女優時代に同作の舞台版（二〇世紀初頭を代表するイタリア人作家、サルヴァトーレ・ディ・ジャコモの戯曲）に出演し、アッスンタ役を演じている。刑務所から帰ってきた恋人と心が冷めたアッスンタのやり取りの長いショットは、役を熟知したベルティーニの生々しい演技が印象的だ。ベルティーニは後に、ベルトルッチ監督『１９００年』に八四歳で出演している。

この二人に並ぶディーヴァ女優は『火』（一九一五年）と『王家の虎』（一九一六年、共にイタラ・フィルム社製作、ジョヴァンニ・パストローネ

『王家の虎』（1916年）

監督）で知られるピナ・メニケッリである。彼女には前述したボレッリの影響があると言われるが、それをさらに推し進めて「悪女」を演じ切り、耽美《たんび》主義の文豪ガブリエーレ・ダヌンツィオの世界を体現した。監督のパストローネはこの二作ではピエロ・フォスコの名でクレジットされているが、彼が監督した『カビリア』と同じくダヌンツィオの名前を最大限に利用した。

メニケッリは化粧も濃く、肌も多く露出させながら、男たちを魅了する。『火』では若い画家を虜《とりこ》にして廃人に追い込み、『王家の虎』では好きな愛人と会えずにモルヒネ中毒に陥る女を演じる。その退廃的な姿は一九四〇年代からハリウッドで一世を風靡する「フィルム・ノワール」における「ファム・ファタル」（＝運命の女）の先駆けではないだろうか。ボレッリとメニケッリの映画はいわゆる上流階級を描き、イギリスのラファエル前派の美女を思わせる雰囲気とフランスのアールヌーヴォー的なファッション（映画のポスターにもよく表れている）も含めて、独特の退廃的世界を形成した。またディーヴァ映画は、女優たちの大きな身振りの独演を見せるために、一つのショットが長くなり、カメラは奥深い画面を見せながら移動した。それは女優の髪やドレスや家の中の調度品や野外の風景などを含めて、映画世界に観客をのめり込ませる新しい手法でもあった。

それらのディーヴァ映画とは少し違うが、イタリアで最も有名な舞台女優エレオノーラ・ドゥーゼ主演の『灰』（一九一六年、アンブロージオ社、フェボ・マリ監督、未）についても触れておきたい。ドゥーゼはフランスで当時有名だった女優、サラ・ベルナールと比較されるほど国内外で人気を誇り、欧州各地に加えて北米や南米でも公演をしていた。『灰』はこれまで映画への出演を断ってきた彼女が五八歳で原作を選び自ら脚本を手がけた作品で、幼い息子と別れた母をドゥーゼが演じ、大人になった息子と再会する感動的なシーンをリアリズムの演技で見せる。

映画史的には「ディーヴァ映画」の世界的流行は映画における女優の重要性を決定づけ、ハリウッドでスター女優を生み出す大きな契機となったと言えるだろう。

（四）黎明期《れいめい》を支えた男優たちと「未来派」

史劇やディーヴァ映画を作る一方で、喜劇映画も流行《はや》り出した。一九〇九年、トリノのイタラ・フィルム社はフランスのパテ社から俳優アンドレ・デードを引き抜いて「クレティネッティ」（日本では「新馬鹿大将」と命名）と名付けて喜劇をヒットさせた。これに刺激されたアンブロージオ社はフランスからマルセル・ファーブルとして活躍していたスペイン人役者を連れてきて、「ロビネット」（日本では「薄馬鹿大将」または「ダム君」）として売り出した。チネス社はフランスのフェルディナン・ギョームを「トントリーニ」（日本では「トン君」）と名付けて売り出したが、彼はパスクワーリ・フィルム社に移ると「ポリドール」（日本では「ポリドロ」）と呼ばれるようになる。このように、各映画会社は一九〇八年から一三年頃まで毎年のように喜劇役者に親しみやすい名前をつけて売り出しており、そうした役者の多くは監督も兼ねていた。

喜劇以外で有名な男優もいた。その一人は『カビリア』で怪力男マチステを演じたバルトロメオ・パガーノで、彼を主演とした「マチステもの」が二〇本以上作られ、多くが日本でも公開された。さらに一九五〇年代には、別の俳優たちを使ってこのシリーズが復活している。

もう一人の重要な俳優がエミリオ・ギオーネである。ギオーネは最初俳優として活躍した後に一九一三年から監督も兼ねるようになった。彼はカエザル・フィルム社で『売春婦ネリー、居酒屋ネーラの踊り子』（一九一四年、未）を監督し、ディーヴァ女優の一人、リダ・ボレッリと共演して、フランスのアルセーヌ・ルパンの影響を受けた「ザ・ラ・モール」（死よ万歳）という役を作り出した。このキャラクターを使って長身で痩せて帽子をかぶった独特の雰囲気を持つ「ザ・ラ・モール」を中心に据えたギャング映画『ザ・ラ・モール』（一九一五年、未）がヒット。その後、フランスの連続活劇『ジゴマ』や『ファントマ』の形式を使ったシリーズものも手がけた。なかでも『灰色のネズミ』（一九一八年、全八本、未）は今日でも評価が高い。弱きを助け、強きを挫《くじ》く「ザ・ラ・モール」は、女優カリー・サンブチーニ演じる「ザ・ラ・ヴィ」（人生万歳）と組んで、愛情や勇気に満ちた生き方を見せた。彼は一九二〇年には自らの製作会社ギオーネ・フィルム社を作るが、その後は精彩を欠いた。

また、イタリアで同時期に起こっていた前衛芸術運動が「未来派」である。フィリッポ・トンマーゾ・マリネッティは一九〇九年に「未来派宣言」を発表し、リズムを重視した超現実的な芸術を唱えた。いくつかの未来派映画が作られたが、現在残っているのは一九一七年にアントン・ジュリオ・ブラガリアが監督した『タイス』（未）で、未来派の画家、エンリコ・プランポリーニによって描かれた幾何学的な背景やその手前で奇抜な格好で踊る主人公タイスが印象に残る。内容自体はタイスが既婚男性たちを誘惑する「ディーヴァ映画」に近いものだが、映画における抽象的な表現として世界的にも最初期のものと言うことができる。

ディーヴァ映画『アッスンタ・スピーナ』で述べた「ヴェリズモ」の文脈でよく言及されるのはニーノ・マルトリオ監督の『闇に落ちた人々』（一九一四年、未）だが、現在プリントは失われている。ヴェリズモの作家、ロベルト・ブラッコの同名の戯曲をもとに、ナポリの貧民窟に生きるカップルの絶望的な状況を描いたものだという。この映画を作ったモルガーナ・フィルム社はほかにも二本作っているが、いずれも現存しないのは残念である。

このように多様な映画が生まれたものの、第一次世界大戦が終わった一九一八年以降、イタリア映画はトーキーの登場まで長い不況に入る。史劇やディーヴァ映画が飽きられたところに、アメリカ映画が大量に進出した。くわえて、一九一九年にはチネス社やイタラ・フィルム社など多くの映画会社を吸収してイタリア映画連盟社（ＵＣＩ）が作られて銀行からの支援もあったが、従来の成功パターンを繰り返そうとして失敗作が続いた。そのため何人もの監督や俳優がフランス、ドイツ、ハリウッド、アルゼンチンなどで仕事をしている。ＵＣＩは一九二四年、一一年前に世界的ヒットとなった『クォ・ヴァディス』のリメイクを手がけた。文豪ダヌンツィオの息子、ガブリエリーノ・ダヌンツィオがドイツのゲオルク・ヤコビと共同監督し、ドイツの俳優エミール・ヤニングスを迎えた超大作だったが、観客からも評論家からも評価されなかった。一九二六年、UCIは倒産し、ステーファノ・ピッタルーガが映画館チェーンを引き継いだ。イタリアの映画製作本数は一九二〇年に三七一本だったが、二四年には六六本になり、二九年には二〇本になった。[*5]

その一方で、一九二二年にはベニート・ムッソリーニが政権を取った。『鷲《わし》の叫び』（一九二三年、マリオ・ヴォルペ監督、未）は最初のプロパガンダ映画と言われる。翌二四年には教育映画組合（LUCE＝「ルーチェ」）が記録映画専門の会社「ルーチェ研究所」を設立し、世界で初めて映画をプロパガンダに使い始めた。

ただ、不振と言われた一九一〇年代後半から二〇年代の映画の研究も最近は進んでおり、何人かの監督が注目されている。

一八七五年生まれのエルヴィラ・ノターリはイタリア初の女性監督。夫のニコラ・ノターリと共にナポリにドーラ・フィルム社を設立し、彼女が脚本と監督、夫が製作と撮影を担当していた。ノターリは、一九一一年から二九年までに二〇本以上の長編を作るが、現存するのは三本のみである。代表作の『聖なる夜に』（一九二二年、未）はナポリの貧しい女性ナンニネッラの恋愛をめぐる悲劇で、彼女はナポリの大衆の底流にある受難のメロドラマを作り続けた。字幕にもナポリ方言が見られる。

一八七七年生まれのルーチョ・ダンブラは小説家、劇作家、批評家として活躍し、一九一七年には映画製作会社ドーレ・ミ、一九一九年にはダンブラ・フィルム社を設立した。監督としてクレジットされた作品は少ないが、多くの作品に製作や脚本で参加して実質的に監督の役割を果たした。現存する作品のうち、『妻たちとオレンジ』（一九一七年、未）は温泉に行った若い貴族がその土地の美少女たちと繰り広げる喜劇である。『大女優チカラ・フォルミカ』（一九二〇年、未）は金持ちの娘が自ら出演する映画を作る喜劇で、イタリアでは初の映画を撮る映画＝「メタ映画」と思われる。映画評論家のアドリアーノ・アプラは「ダンブラはエルンスト・ルビッチの先祖ともいうべき人物である」[*6]と書く。

イタリア映画においてトーキーは一九三〇年から始まるが、トーキー後に活躍する監督もこの時期にサイレント映画でデビューしている。ここでは、イタリア映画史において重要な四人の監督を挙げたい。

一八九二年生まれのアウグスト・ジェニーナは、一九一三年にわずか二一歳で『上司の妻』（未）で監督デビューをした。日本では『女』（一九一八年）、『感激は何処に』（一九一九年）、『シラノ・ド・ベルジュラック』（一九二二年）などが公開された。『さらば青春』（一九一八年）は若き男女の出会いと別れを鮮烈に描いた作品でイタリアでは断片しか残っていなかったが、一九八〇年代に日本の個人コレクター所有の完全版が見つかり、世界的に話題を呼んだ。舞台劇が原作で、イタリアではジェニーナが一九二七年にリメイクしたほか、その前後に何度かリメイクされている。彼は二〇年代後半から三〇年代初頭はフランスで活躍した。

一八八六年生まれのジェンナーロ・リゲッリは一九一〇年から監督として活躍しており、日本では『愛を求めて』（一九一九年）、『硝子《ガラス》の家』（一九二〇年）などが公開されている。養子の息子から愛される母親の苦悩を描いた『過去よりの呼声』（一九二一年）は第一回「キネマ旬報ベスト・テン」の芸術部門（当時は娯楽部門と二部門制）四位と高く評価された。二〇年代半ばからドイツで活躍し、イタリアに帰国して最初のトーキー『愛の唄』（一九三〇年、未）を手がける。映画評論家の飯島正はジェニーナの『さらば青春』とリゲッリの『過去よりの呼声』をことのほか高く評価し、この二本が本国で評価が低いことに関して「日本人ごのみのものであったのかも知れない」[*7]と述べている。

一八八五年生まれのカルミネ・ガッローネも一九一三年から監督として活躍しており、史劇の流行が終わった後も『罪の贖《あがな》い』（一九一八年）や『ポンペイ最後の日』（一九二六年、アムレト・パレルミと共同監督）などの歴史ものを作り続け、『十戒』を二度監督したアメリカのセシル・B・デミルに比せられる。

一八九五年生まれのマリオ・カメリーニは、従兄《いとこ》のアウグスト・ジェニーナが脚本を書いた『ジョリー　サーカスの道化』（一九二四年、未）でデビューし、『マチステ対酋長』（一九二六年、未）などを作るが、その本領はトーキー映画になって発揮される。特に、サイレントからトーキーへの過度期に登場した音楽のみのサウンド版映画『鉄路』（一九二九年、公開は三一年、未）において、自殺を考えた貧しいカップルがお金を拾い、つかの間の豪勢な日々を送る物語を、繊細な愛情表現とロシアの構成主義のような大胆な編集によって、それまでのイタリア映画にない新しい表現を見せた。

一八九五年一二月に世界初の映画の投影式有料上映を成功させたフランスに比べて、イタリアは最初の映画製作が一九〇五年と大きく後れを取った。しかし、イタリアは、ここまで見てきたように一九一〇年代には史劇とディーヴァ映画によって世界市場を席巻する存在になった。前衛芸術運動の未来派から生まれた映画も作られた。その後二〇年代には沈滞期を迎えるが、その間三〇年代以降に本格的に活躍する若手監督も着々と生まれていたのである。

第二章　イタリア映画の隆盛を準備したファシズム期

(一) ファシズム政権下で整備された映画産業

一九二二年に政権についたベニート・ムッソリーニは、その後二〇年以上「ドゥーチェ」(統領)としてイタリアを支配する。その統治において彼は映画を活用し、まず手始めに記録映画やニュース映像に力を入れた。一九二四年にできた映画会社「ルーチェ研究所」は、翌年国営公社となり、一九二六年にはルーチェ製作のニュース映画を映画館で流すことが義務化される。ムッソリーニはすぐに自分の内外の出張、祭典やイベントへの参加から演説までをすべて撮影させ、一〇分ほどのニュース映像を毎週四本ずつ製作して映画館で流した。この手法は新聞記者や機関紙の編集長の経験が長くメディアの影響力を熟知したムッソリーニらしいやり方であり、ヒトラーのドイツをはじめとして多くの国々に模倣された。

一九二八年には映画公社が作られ、三〇年にはチネス・ピッタルーガ社への国家予算の出資が決まる。三〇年には外国語で会話をするシーンを含むイタリア映画に内務省が認可を出さなくなり、三一年には国産映画に奨励金を出す制度ができる。三二年には現代美術展であるヴェネツィア・ビエンナーレの枠の中でヴェネツィア国際映画祭（三二年に一度だったが、三四年から毎年開催）が欧米九か国の参加で始まり、三四年には最優秀賞が統領の名を取った「ムッソリーニ杯」となった。

一九三四年には映画総局が誕生する。そして三五年には映画総局の肝入りで、映画実験センター（国立映画学校、日本での通称「チェントロ」）が作られて映画人の養成機関となり、映画アーカイブも併設された。その後にチネチッタが建設されてイタリア最大の撮影所となり、三九年には国有化された。また映画総局は三七年に新しくできた「大衆文化省」所属となり、三八年には外国映画の輸入を制限する「アルフィエーリ法」も制定。一九四〇年には映画実験センターはローマ郊外のチネチッタの向かいに移転した。ファシズム時代にここで学んだ中から、監督のミケランジェロ・アントニオーニやピエトロ・ジェルミ、女優のクララ・カラマイ、アリダ・ヴァッリなどの映画人が育った。また映画実験センターでは映画雑誌「ビアンコ・エ・ネーロ」が刊行され、「チネマ」と共に戦後のネオレアリズモを生む母体となる。

これらの制度が整った結果、イタリア映画の製作本数は多い年で一〇〇本近くに増え、国産映画の市場占有率も高まった。ファシスト政権下とはいえ、製作助成金、国際映画祭、国立映画学校、映画アーカイブ、国立撮影所など、ほかの国では第二次世界大戦後にできた制度がほぼすべてイタリアに揃《そろ》ったのは興味深い。

ルーチェはニュース映画ばかりではなく、長・短編のドキュメンタリー映画も製作した。多くはファシスト政権と直接関係のない記録映画で、歴史や各地の地理、科学などを紹介するものが多かった。例えば映画実験センターで映画史の教授だったフランチェスコ・パジネッティが監督した『ヴェネツィアの鳩《はと》』（一九四二年、未）などのヴェネツィアものや、戦後ネオレアリズモの中心的存在となるロベルト・ロッセリーニが深海の魚を見せる『海底のファンタジー』（一九四〇年、未）などがあった。

他方、ルーチェはプロパガンダ色の強い長編劇映画も製作している。ジョヴァッキーノ・フォルツァーノ監督『黒シャツ隊』（一九三三年、未）は、ムッソリーニ政権の一〇周年を記念して作られた映画で、フランスに暮らすイタリア移民の青年がイタリアの素晴らしさを知る様子を描いている。

(二) ファシズム政権との微妙な距離――アレッサンドロ・ブラゼッティ

こうした一九三〇年代のファシズム期のイタリア映画界で最も活躍した監督の一人は、一九〇〇年生まれのアレッサンドロ・ブラゼッティである。イタリア最初のトーキー映画はジェンナーロ・リゲッリ監督の『愛の唄』(一九三〇年、未)と言われるが、これを製作したチネス社のトップ、ステーファノ・ピッタルーガは、若手で長編第一作『太陽』(一九二九年、未)を作っただけのブラゼッティに、同時期に三本の作品を託していた。『ネロ』(一九三〇年)、『復活』(一九三一年、未)、『母なる大地』(一九三一年)だが、実際はトーキー映画として『復活』の方が『愛の唄』より早くできていたが、新人のせいもあって公開は八か月遅れた。

有名な俳優のエットレ・ペトロリーニのための映画『ネロ』の後、ブラゼッティが本領を発揮したのは『母なる大地』だった。これは放蕩《ほうとう》の末に田舎の土地を売り払うことになった都会に住む領主の青年が、故郷に帰って人々の温かさに触れ、共同で農業を始める物語である。今見ても青年の心理を自然に描いた佳作だが、これはムッソリーニの農村重視の政策ともぴったり合っていた。

その後、『貧しき人々の食卓』(一九三二年)、『パリオ』(一九三二年)、『一八六〇年』(一九三三年、V)、『老衛兵』(一九三五年)、『アルデバラン』(一九三五年)などを次々と作った(すべて末)。この中で最も重要とされるのは『一八六〇年』で、イタリア統一を目指していたジュゼッペ・ガリバルディ将軍のシチリア進軍を描き、国民の愛国心に強く訴えかけた。本作の中心となるのはシチリアの羊飼いの男とその妻で、男はジェノヴァにいるガリバルディにシチリアへ援軍を送るよう依頼する。シチリアで撮影されたうえ、素人から採用された主人公たちは仲間内ではシチリア方言を話す。まるで戦後のネオレアリズモを思わせるが、ナポリで撮影された『貧しき人々の食卓』やシエナが舞台の『パリオ』もそうだが、ブラゼッティはイタリアの地方色を巧みに作品に取り入れる監督だった。

『老衛兵』は一九二〇年代のファシスト党初期を描き、設定としてはプロパガンダ映画に近い。ある地方のファシスト党員の家族を描いたもので、隊長のロベルトは発電所のストライキに対する抗議行動のさなかに弟を殺されてしまう。彼は復讐《ふくしゅう》のためにローマのファシストと合流し、最後に老いた医師の父も参加する。ただ、本作はロベルトの母親や恋人も含めて、むしろ家族や恋愛に重点が置かれており、最後の数分を除くとプロパガンダ臭は感じない。

その次に来るのは『エットレ・フィエラモスカ』(一九三八年)、『サルヴァトール・ローザの冒険』(一九四〇年)、『いたずら晩餐会《ばんさんかい》』(一九四一年)、『鉄の王冠』(一九四一年)の歴史映画四部作である(すべて未)。どの作品も誰にも楽しめるストーリーをベテランのスタッフや有名な俳優たちを配して巧みに語っている。なかでも『サルヴァトール・ローザの冒険』は有名な画家のローザ（ジーノ・チェルヴィ）が、実は庶民を助ける謎の仮面の英雄フォルミカだという設定で、弱きを助け強きを挫く英雄の物語だ。ローザはある地方に行って公爵の令嬢と婚約者の不正を目にする。彼は令嬢にうまく取り入って気に入られるうちに不正を暴いて庶民の利益を守る。ある意味では、独裁政権を揶揄《やゆ》する内容と考えることさえできる。ブラゼッティはファシズム政権と微妙な距離を取り続けた。その次の『雲の中の散歩』（一九四二年）はネオレアリズモを予言する三本のうちの一本と言われているので、後に語りたい。

（三）ファシズム期に都会の恋愛ドラマを描く――マリオ・カメリーニ

ファシズム期に活躍した監督としてブラゼッティと並ぶのが、一八九五年生まれのマリオ・カメリーニである。彼はブラゼッティよりも多作で、トーキー第一作『フィガロと彼の偉大なる日』（一九三一年、未）以降、一九四五年までだけで二〇本を超える。

彼の監督としての名声が確立したのは日本でも公開された『殿方は嘘《うそ》つき』（一九三二年）で、その年の第一回ヴェネツィア国際映画祭に出品された。主人公を演じたのは後に『自転車泥棒』（一九四八年）などの監督として知られるヴィットリオ・デ・シーカで、それまで軽演劇で活躍していたが、この映画をきっかけにファシズム期に一番人気のある映画スターとなった。映画はミラノを舞台に庶民の若者たちの恋愛の機微を描くもので、ミラノの街頭のロケが今見ても新鮮だ。デ・シーカは自転車で女の乗る電車を追うが、後の『ナポリのそよ風』(一九三七年)ではタクシーを追う。デ・シーカと自転車と言えば後の監督作品の『自転車泥棒』を思わせるが、確かに『殿方は嘘つき』のロケの迫力はネオレアリズモに近い。この作品でデ・シーカが娘と踊りながら歌う「マリウ愛の言葉を」は、その後イタリアで歌い継がれる名曲となった。

ブラゼッティが地方色を生かす作品や歴史もので人間関係を見せるのとは対照的に、カメリーニは都会に生きる大衆の恋愛ドラマを繰り返し見せた。『いつまでも君を愛す』(一九三三年、V、四三年に自らリメイク、未)は貴族に騙《だま》されて妊娠させられた貧しい女性のその後の生き方を描く。彼女が働くのはローマの美容サロンで、金持ちたちの集う場所だった。都会に生きる若い男女の格差と純愛と悲劇をユーモアたっぷりに描くカメリーニのスタイルは、この作品ですでに確立されている。デ・シーカ主演の『殿方は嘘つき』(一九三二年)、『百万リラをあげよう』(一九三五年、未)、『だが、それは重大なことではない』(一九三六年、未)、『ナポリのそよ風』(一九三七年)、『百貨店』(一九三九年、未)の五本はこの監督の「小市民五部作」と言われる。

『ナポリのそよ風』（1937年）

特に『百万リラをあげよう』以降はデ・シーカの共演にアッシャ・ノリス（後のカメリーニ夫人）を配して大成功した。

日本でも公開された『ナポリのそよ風』では、デ・シーカがローマの新聞売りジャンニを演じる。伯爵のマックスと間違えられたジャンニは、貴族のパオラに一目惚《ひとめぼ》れをしてナポリからジェノヴァまで船に乗り、さらにサンレモまでついてゆく。ところがジャンニが本当に好きになったのはパオラのメイドのラウレッタ（アッシャ・ノリス）で、彼はジャンニとしてラウレッタに接する。恋愛喜劇ながらほろりとさせるメロドラマの要素があり、お洒落《しゃれ》な貴族たちを馬鹿にして庶民を称《たた》える皮肉もたっぷり。なにより二人の主役を限りなく魅力的に見せる演出力が際立っており、ヴェネツィアで監督賞を得た。ちなみに原題は『マックス氏』で、ナポリは数カットしか出てこないのに、なぜかこの邦題になった。『百貨店』は百貨店の売り子の貧しい娘がオーナーにいじめられながらも会計係の男と恋を実らせる話を、アッシャ・ノリスとデ・シーカが演じた。都会を描きながらも、あくまで庶民の側について金持ちを馬鹿にする視点がこの映画でも生きている。

そのほか戦前のカメリーニには『ミステリー』(一九三三年)、『木の葉のごとく』(一九三四年)、『偉大な呼び声』(一九三六年)、『ある恋の冒険』(一九四〇年)、『いいなづけ』(一九四一年)などがある(すべて未)。『いいなづけ』はイタリアの国民文学とも言われるアレッサンドロ・マンゾーニの同名小説が原作ということもあって、その年の一番のヒットを記録した。彼の映画としてはいささか平板だが、一七世紀の時代もので一〇〇〇人を超すエキストラを使ってペストの猛威が襲う街の混乱を描ききる力量を示した。

映画史家のブルネッタは、「まぎれもなくカメリーニはフランク・カプラやエルネスト・ルビッチと同列に並べることができるだろう」、「コメディータッチの彼の作風は、誰もが彼の後継者と見なしているヴィットリオ・デ・シーカに引き継がれることになる」[*1]と書き、アメリカで活躍した巨匠たちと並べながら、のちのイタリア映画に与えた影響と共にカメリーニの作品を絶賛した。ちなみに、『自転車泥棒』などでデ・シーカと組む脚本家のチェーザレ・ザヴァッティーニはカメリーニの『百万リラをあげよう』で脚本家デビューしており、その点からもカメリーニがネオレアリズモに与えた影響がうかがえる。

なお、カメリーニに代表される当時の軽喜劇には、エレガントな効果を演出するために白い電話が使われることが多かったため、一九三〇年代から四三年までのこれらの映画は「白い電話」と呼ばれる。[*2]

(四) 外国帰りの監督たちと「美文体派」

ブラゼッティやカメリーニの少し上の世代は、二〇年代のイタリア映画が不振だった時代にフランスやドイツで仕事をしている。『さらば青春』(一九一八年)で好評を得たアウグスト・ジェニーナは、二〇年代後半からドイツやフランスで仕事をした。なかでもアメリカのスター、ルイーズ・ブルックスを主演にフランスで監督した『ミス・ヨーロッパ』(一九三〇年)はヒットし、日本でも公開された。イタリアに戻ってからは、ヴェネツィア国際映画祭でムッソリーニ杯を得た『リビア白騎隊』(一九三六年)、『アルカサール包囲戦』(一九四〇年、未)などいわゆる戦争プロパガンダ映画を手がけている。

ジェニーナと同じく一九一〇年代から活躍したジェンナーロ・リゲッリは、二〇年代にドイツに渡り、一〇本以上監督した後、イタリア初のトーキー映画『愛の唄』を監督した。本作はトーキー映画らしく音楽をたっぷり使いながら、突然の母の死で運命が変わる女性を描いている。その後四五年までに監督した映画は二〇本を超すが、日本で公開されたプロパガンダ映画『制空大艦隊』（一九三一年）を除くとデ・シーカを起用した『旦那様　ご注文は？』（一九三四年、未）やシチリア訛《なま》りのアンジェロ・ムスコを主人公にした『大陸の空気』（一九三六年、未）などの小市民喜劇を量産している。

カルミネ・ガッローネも一九二〇年代後半から三〇年代にかけてドイツで三本、フランスで三本、イギリスで四本を撮った後に帰国した。オペラ作曲家のベッリーニを描く『おもかげ』（一九三五年）はヴェネツィアでムッソリーニ杯を取り、史劇に愛国心を埋め込んだ『シピオネ』（一九三七年）もヴェネツィアに出品された。その後は『ジュゼッペ・ヴェルディ』（一九三八年、未）などの音楽映画を六本監督している。『シピオネ』は史劇『カビリア』の焼き直しのような内容だが、カルタゴ軍の非道さとローマ軍の正義を強調して、当時のイタリアのエチオピア侵攻を正当化しようとする政治的意図が感じられる。

また一九四〇年前後に登場した「美文体派」（カリグラフ派）と呼ばれる監督たちがいる。彼らは文学作品の翻案を基本とし、ジュリアン・デュヴィヴィエやマルセル・カルネらのフランスの「詩的レアリスム」のように雰囲気たっぷりの世界を構築した。美文体派は、イタリアの印象派である「マッキアイオーリ」やイギリスのラファエル前派との関連性も指摘されている。

そのなかで、最初に注目されたのがマリオ・ソルダーティだ。彼は小説家として活躍した後、カメリーニの『殿方は嘘つき』や『ナポリのそよ風』の脚本を担当した。初監督作は『ドーラ・ネルソン』(一九三九年、未)で、『小さな古風な世界』(一九四一年、V)と『マロンブラ』(一九四二年、V)は共にアントニオ・フォガッツァーロの同名小説を原作に、コモ湖畔を舞台にした作品である。ソルダーティは当時の映画には珍しく女性を主人公にすることが多く、『マロンブラ』ではコモ湖畔に建つ館の中で悩む貴族の娘の異常な心理をじっくりと追いかけた。

イタリアの映画史家、アドリアーノ・アプラは美文体派を「様式的な美を追求した映画群につけられた名称であり、当時主流な製作様態であった喜劇とも、知識人や監督たちが信奉していたリアリズム路線とも異なる作品群を意味する」[*3]と定義づける。そこからも、いかにこの一派が、もう一つの道を志向していたかわかるだろう。彼らは特に共通の意図を持って活動したわけではないが、その似た傾向から一つの流派とみなされた。今日の眼《め》から見るといわゆる

「文芸映画」に近いかもしれない。

美文体派に属する監督として挙げられるのは、ほかに『かしこまりました』(一九四二年、未)のフェルディナンド・マリア・ポッジョーリ、『理想主義者ジャコモ』(一九四二年、未)のアルベルト・ラットゥアーダ、『ピストルの一打』(一九四一年、未)のレナート・カステラーニなどがおり、彼らの多くは戦後に本格的な活躍をする。特筆すべきは『かしこまりました』である。ジェノヴァを舞台に身寄りもなくメイドの仕事を続ける女性の悲劇を描いているが、そこにはジェノヴァに生きる庶民の姿が克明に捉えられている。しかし、監督のポッジョーリは、一九四五年に死去。戦後に活躍を見せることなく亡くなったのが惜しまれる。

(五) ネオレアリズモ前夜

一九四〇年代になると、戦後のネオレアリズモの先駆的な作品も現れる。アレッサンドロ・ブラゼッティ監督の『雲の中の散歩』(一九四二年)、ルキーノ・ヴィスコンティ監督の『郵便配達は二度ベルを鳴らす』(一九四三年、原題『妄執』)、ヴィットリオ・デ・シーカ監督の『子供たちは見ている』(一九四三年)などだ。

これらの作品は、映画雑誌「チネマ」が高く評価したことで知られるようになった。ちなみに、当時の「チネマ」の編集長はベニート・ムッソリーニの息子のヴィットリオ・ムッソリーニ。しかし、皮肉なことに編集部には反ファシズムを掲げる評論家たちが集まっていた。編集部にいた評論家の中には、戦後にネオレアリズモの監督となるジュゼッペ・デ・サンティス、カルロ・リッツァーニ、ジャンニ・プッチーニもいた。彼らは「白い電話」を使う軽喜劇を批判すると同時に、新しく出てきた「美文体派」を「退屈で中身のない、映画の見どころは装飾だけだ」と退け、ブラゼッティやヴィスコンティ、デ・シーカのような新しい表現を歓迎した。

一九〇六年生まれのルキーノ・ヴィスコンティは、一九三六年にファッションデザイナーのココ・シャネルの紹介でフランスの監督、ジャン・ルノワールと知り合い、ルノワールの『ピクニック』（一九三六年、公開は四六年）のスタッフをつとめた。長回しで奥行きの深い画面を作り、同時録音をするルノワールのリアリズム表現は、ヴィスコンティに大きな影響を与えたと思われる（ルノワールの反ファシスト的思想も、ヴィスコンティに影響したに違いない）。

ルノワールはその後、一九四〇年にイタリア資本の『トスカ』（一九四一年、未）の撮影のためにイタリアに行ったが、そこでもヴィスコンティを助監督として呼んだ。結局、戦争を避けてルノワールが帰国したので、中断した映画はドイツ人助監督のカール・コッホが仕上げることになるのだが、コッホと彼の妻で影絵アニメのパイオニアであるロッテ・ライニガーとの出会いも、ヴィスコンティが左派の集まる「チネマ」誌に近づくきっかけになった。のちにヴィスコンティはそこに映画批評を書き始め、『郵便配達は二度ベルを鳴らす』のシナリオには編集部のジュゼッペ・デ・サンティスやジャンニ・プッチーニが参加している。その意味で、この映画は「チネマ」誌の「マニフェスト」と言える作品である。ちなみに映画の製作資金の大半はヴィスコンティ本人がまかなった。

『郵便配達は二度ベルを鳴らす』は年上の夫に飽きた妻が、流れ者の若者と関係ができて夫を殺すというものだが、北イタリアの港町、アンコナやフェラーラに舞台を設定し、オールロケで風景をまるごとカメラに収めるように撮ってゆくやり方は、これまでのイタリア映画にはなかった。『揺れる大地』(一九四八年)のように誰の目にも明らかな貧しさや悲惨さを描くのではなく、どこにでもいるような普通の男女の欲望と放浪を直視することで、稀《まれ》に見る現代的な映画だと言えよう。もちろん殺人、不倫といったテーマは当時珍しく、カトリック教会からは厳しく非難されたが、評論家からは評価された。ただし、この映画は当時ほとんど見られることはなかったし、日本でも戦後のネオレアリズモ映画が話題を呼んだ時には公開されず、一九七九年、「ヴィスコンティ・ブーム」の際に公開された。

一九〇一年生まれのヴィットリオ・デ・シーカは、前述の通り『殿方は嘘つき』に始まるマリオ・カメリーニ監督の一連の喜劇の主演で一躍有名になった。彼は一九四〇年に『深紅のバラ』（未）で、ジュゼッペ・アマートとの共同監督で監督としてのキャリアを始めた。その後、『金曜日のテレーザ』（一九四一年、V）など、自ら主演するカメリーニ風の喜劇を四本残している。

彼の作風が変わるのが、『子供たちは見ている』（一九四三年）で、脚本には『自転車泥棒』などで不可欠の存在となるチェーザレ・ザヴァッティーニを初めて迎え、デ・シーカは出演していない。

チェーザレ・ジュリオ・ヴィオラの小説『プリコ』を自由に翻案した『子供たちは見ている』は、題名通り子供の目から大人たちの身勝手さを見たものだ。小学生のプリコは両親とローマ郊外に住んでいるが、母のニーナには愛人がいた。母は夫の留守中に愛人と駆け落ちをする。父親は息子を田舎の祖母に預けるが、彼女の娘は子守りよりも恋人との密会に熱心だった。しばらくしてニーナが戻ってきて子供が喜ぶのを見た父は妻を許す。しかしニーナは愛人との逢引《あいび》きをやめなかった。父はプリコを寄宿学校に入れてから自殺する。ニーナはプリコを連れ戻そうとするが、もはやプリコは言うことを聞かない。『郵便配達は二度ベルを鳴らす』同様、不倫を主として女性の側から描き、当時禁じられていた自殺も見せるという大胆な試みは、上映は許可されたが、実際にはほとんど上映されなかった。

当時すでにベテランであったアレッサンドロ・ブラゼッティの『雲の中の散歩』はこれらの二本に比べるとずっと穏便な内容だが、チェーザレ・ザヴァッティーニが脚本に参加していることも注目される。物語は中年のセールスマンが頼まれてある妊娠した娘の夫の役を演じるというもので、喜劇でありながらも未婚の母を認めない保守的な社会を痛烈に批判している。ジーノ・チェルヴィ演じるセールスマンが偶然に会った娘の実家に行って夫を演じる羽目になり、村の宴会をどうにか切り抜ける場面はかなりおかしい。結局、セールスマンは無事家に戻って妻と暮らし「雲の中の散歩」は終わるが、田舎の現実の厳しさは残る。

軍隊を描くプロパガンダ映画の中にも、ネオレアリズモの兆しは見られた。海軍省映画部長だったフランチェスコ・デ・ロベルティスは海軍を舞台にした映画を四本撮っている。『アルファ・タウ!』(一九四二年、未)は、本物の潜水艦の乗組員たちがそれぞれ休暇を過ごしたり潜水艦に乗って活躍したりする様子を描いたものだ。俳優を使わず、戦争の英雄も登場させずに各人の日常や内面を丹念に描く手法は、ドキュメンタリーと劇映画の間に位置する。

戦後ネオレアリズモの中心的存在となるロベルト・ロッセリーニは、短編を数本作った後、デ・ロベルティスの代理として海軍を描く初長編『白い船』(一九四一年、V)を監督した。その後、『ギリシャからの帰還』（一九四二年、原題は『飛行士帰る』、V）は空軍、『十字架の人』（一九四三年、未）は陸軍を描いたが、このプロパガンダ三部作を通じて、俳優を使いながらも誇張を避けてドキュメンタリーのように登場人物に接近し、静かにドラマを描く彼の手法は確立されていったと言えよう。日本でＤＶＤで見られる『白い船』と『ギリシャからの帰還』には、戦後の彼の映画と同質の強い精神性とヒューマニズムが感じられる。

一九二二年から四三年までのムッソリーニ政権下、および四三年から四五年におけるサロ共和国＝内戦期において、イタリアはムッソリーニを撮ったニュース映像は無限に残したが、ドイツのレニ・リーフェンシュタール監督の『意志の勝利』（一九三五年）や『オリンピア』（一九三八年）のような決定的なプロパガンダ映画は作っていない。カメリーニやブラゼッティはファシスト政権の御用監督とみなされてきたが、彼らの映画には政権に対する揶揄や挑発が感じられる。ましてネオレアリズモの先駆となる『郵便配達は二度ベルを鳴らす』や『子供たちは見ている』や、『雲の中の散歩』は、不倫や殺人や自殺を平気で扱っている。

ファシズム期のイタリア映画は歴史大作も喜劇も美文体派も長い間評価が低かったが、史劇やディーヴァ映画終焉《しゅうえん》後の一九二〇年代の不振から立ち直り、戦後の隆盛を迎えるための準備期間だったのである。

第三章　ネオレアリズモの登場

（一）「ネオレアリズモ」の黄金時代

すでにこの本で何度も出てきたように、「ネオレアリズモ」はイタリア映画史の核と言ってもいい概念であり、運動である。連合国にイタリアが降伏し、ドイツが侵攻して内戦となった一九四三年頃からルキーノ・ヴィスコンティ監督『郵便配達は二度ベルを鳴らす』（一九四三年）を筆頭にいくつかの作品でその傾向が出始め、戦後、ロベルト・ロッセリーニ監督の『無防備都市』（一九四五年）や『戦火のかなた』（一九四六年）、ヴィットリオ・デ・シーカ監督の『靴みがき』（一九四六年）や『自転車泥棒』（一九四八年）、ヴィスコンティの『揺れる大地』（一九四八年）などがその代表作とされる。

さらにルイジ・ザンパ（『平和に生きる』一九四七年）、ジュゼッペ・デ・サンティス（『にがい米』一九四九年)、アルベルト・ラットゥアーダ(『ポー河の水車小屋』一九四九年)などの監督も含まれる。論者によっては、ロッセリーニの『無防備都市』のシナリオに参加したフェデリコ・フェリーニや同じくロッセリーニの『ギリシャからの帰還』に脚本参加した後にドキュメンタリーを撮っていたミケランジェロ・アントニオーニの初期作品も含む。つまり戦後のイタリア映画の巨匠の多くが含まれるが、そもそもネオレアリズモとは何なのか。

「ネオレアリズモの時代」という時、一般的には『郵便配達は二度ベルを鳴らす』が発表された一九四三年から戦後の五〇年代半ばまでを指す。

「ネオレアリズモ＝新しいリアリズム」という言葉について、西洋美術史が専門の岡田温司《あつし》は以下のように書く。

一九三〇年前後から主に文学に関連して使われるようになるのだが(アルベルト・モラヴィア、チェーザレ・パヴェーゼなど)、この時代に作家として出発したザヴァッティーニにたいしてもまたこの修飾が与えられていた。その彼が一九四〇年代に脚本家として頭角を現わすことになるわけだから、この語は彼とともに映画のなかに入ってきたといっても過言ではない。*1

また映画評論家の柳澤一博は、「この映画（筆者註：『郵便配達は二度ベルを鳴らす』）の編集を担当したマリオ・セランドレイは、このリアリズムを〝ネオレアリズモ〟と命名した」と著書で述べ、ヴィスコンティの「私自身はフランスのリアリズムから影響を受けたと思っている。ジャン・ルノワール、ジュリアン・デュヴィヴィエ、マルセル・カルネなどの影響を受けた」[*2]という言葉を引用している。確かにヴィスコンティが師事したジャン・ルノワールやミケランジェロ・アントニオーニが助監督をつとめたマルセル・カルネらを総称するのは「詩的レアリスム」という言葉である。同時録音と街頭ロケを始めたルノワールはもちろんのこと、「詩的レアリスム」にネオレアリズモに通じる現実を凝視する姿勢があるのは間違いない。

さて、ネオレアリズモは「未来派」や「シュルレアリスム」のように宣言があるわけではないし、フランスのヌーヴェル・ヴァーグの監督たちのように映画雑誌（「カイエ・デュ・シネマ」）に集っていたわけでもない。では、その特徴はどのようなものなのだろうか。

ロッセリーニやデ・シーカやヴィスコンティの一九四〇年代後半の作品を見てみると、それぞれ異なった特色を持っていることがわかる。ロッセリーニの『無防備都市』、『戦火のかなた』は内戦期のドイツ軍とイタリアのレジスタンスの戦いを生々しく描く。デ・シーカの『靴みがき』、『自転車泥棒』は、敗戦後の廃墟《はいきょ》に生きる貧しい人々を情感豊かに描く。ヴィスコンティの『揺れる大地』は戦争とは関係なく、シチリアの貧しい漁村に存在する階級社会を冷徹かつドラマチックに見せている。

つまり、題材も手法も異なるが、あえて言えば民衆の苦悩や貧しさを直接的に描いているところが共通していると言えるだろう。

すでに述べた通り、ネオレアリズモの精神は現在にいたるまでのイタリア映画を貫いているが、それだけでなく『無防備都市』や『自転車泥棒』は世界の映画を変えたと言われる。わかりやすく言えば、撮影所で着飾ったスターたちが演じる夢の世界から、街頭ロケで普通の人々の日常を見せる映画への劇的な変貌の契機となった。その大きな成果が一九五〇年代末からフランスで起こった「ヌーヴェル・ヴァーグ」と呼ばれる映画革新運動である。同じような動きは同時多発的に日本を含む世界各地で起こった。フランスのヌーヴェル・ヴァーグの監督たちが理論的支柱としたのが評論家のアンドレ・バザンだったが、バザンは『市民ケーン』（一九四一年）を撮ったオーソン・ウェルズなどと共にロッセリーニを奥行きの深い画面で現実をまるごと捉える現代的監督として、高く評価した。[*3]

イタリアのネオレアリズモは、ナチスドイツのユダヤ人大虐殺やアメリカの日本への原子爆弾投下などを生んだ第二次世界大戦という未曽有の悲劇を見つめた最初の映画として、映画そのものを変革する契機となった。この章では一九四五年から一九五〇年代前半までの初期ネオレアリズモ作品を見てゆく。なお、この時期の喜劇や歴史大作などは主に第四章で扱う。

(二) ロベルト・ロッセリーニは悲劇を「見る」

ロッセリーニの『無防備都市』と『戦火のかなた』はデ・シーカの『自転車泥棒』と並んで世界中に大きな衝撃を与えた。現在ではアンドレ・バザンの述べるような映画の作り方を変えたという評価が中心だが、特にロッセリーニの二本は、当時はほんの一、二年前にイタリアで起きたドイツ軍による支配の「再現映画」としてのインパクトが大きかったのではないだろうか。つまりニュース映画のような感覚で、起こったばかりのイタリアの悲劇を見たのではないか。

『無防備都市』は、ローマを舞台に一九四三年以降イタリアを支配したドイツ軍と、それに抵抗するパルチザンたちの戦いを描いている。もちろんパルチザンの側に視点が置かれ、その指導者のマンフレディやフランチェスコとその恋人たち、パルチザンを支援する神父や子供たちが中心となる。

この映画で一番印象に残るのは、フランチェスコのアパートを一斉捜索したゲシュタポがとうとう彼を見つけ出してトラックに乗せたところを、その恋人のピナ（アンナ・マニャーニ）が「フランチェスコ！」と叫んで追いかけ、銃殺されるシーンだろう。何人ものゲシュタポの手を振り切ってトラックに向かって懸命に走るピナ、それをトラックから見つめるフランチェスコ、背後からの銃に倒れるピナ、それを見て走り出すピナの息子、これらのショットが息もつけないほどにたたみかける。ロッセリーニはこのような決定的な場面を作り出す天才的な才能を持っている。ほかにもマンフレディが受ける拷問や最後に神父が銃殺される場面など、強烈なシーンがある。

大事なことは、ピナが撃たれた時には息子と神父とフランチェスコが見ており、マンフレディの拷問は神父が見ており、神父の銃殺は子供たちが見ている点だ。悲劇を「見る」人物の存在はロッセリーニの映画で大きな意味を持つ。フランスの哲学者ジル・ドゥルーズは「これは見る人の映画であって、もはや行動の映画ではない」[*4]とした。あまりに大きな悲劇の前に人は行動できず、立ち尽くす。このような人物の登場はロッセリーニの映画の大きな特徴だが、おおむねネオレアリズモ全体にも言えるだろう。

また、ネオレアリズモの特徴としてロケ撮影や素人の起用が挙げられるが、そもそもチネチッタ撮影所は、当時米軍が接収して難民収容所としていたために使えなかったので、この映画の室内シーンはローマの別の場所で撮影されている。素人俳優に関しても、ピナを演じたアンナ・マニャーニや神父役のアルド・ファブリッツィは名のある俳優だったのであてはまらない。しかし次の『戦火のかなた』では、プロの俳優はいても目立たず、内容もよりドキュメンタリーに近い。

全体は六話に分かれており、一九四三年の連合軍のシチリア上陸から始まる。そして解放直後のナポリ、ローマ、フィレンツェでの市街戦、エミリア＝ロマーニャ地方の修道院でのアメリカの従軍牧師たち、ポー川のドイツ軍と続く。この映画は『無防備都市』ほどドラマチックなシーンはないが、その分、それぞれの土地の状況が克明に伝わってくる。

この映画で重要なのは、挿話の多くでコミュニケーションの難しさが描かれていることだろう。イタリア人は英語を話さず、アメリカ人はイタリア語を話さない。しかしながら何となく心が通じる瞬間がある。ロッセリーニはそれを個々の人物の心理に入ることなく、大づかみのショットで見せる。最後のポー川では、残酷な音としてドイツ語と銃声が響く。ドイツ軍によって次々と川に沈められるパルチザンを一人一人見せて、それに走り寄る仲間の銃殺も見せる。説明もなく、ショットだけですべてを見せてしまうのが、この映画の特徴だろう。

ベルリンで撮影した『ドイツ零年』（一九四八年）は、前述の二作と合わせてロッセリーニの

「戦争三部作」と呼ばれる。しかし、これまでの二本に比べると構成はシンプルで、廃墟と化したベルリンで何とか生きようとする一三歳の少年を追う。少年の父は病気で働けず、兄はドイツ兵として最後まで戦ったために配給が受けられず、姉は外国人相手のクラブへ行って煙草《たばこ》をもらい、それを売って家計を助ける。少年が再会した元小学校の教師は闇の商売をしていた。病気の父の望み通りに毒入りの紅茶を父に飲ませた少年は、廃墟《はいきょ》となった建物から飛び降り自殺する。

この映画からは少年の苦悩が嫌というほど伝わってくるが、例によってロッセリーニは少年の心の中は見せない。映画全体にわたって破壊されたベルリンの街を彷徨《さまよ》いながら、どこに行っても救いのない状況を少年は「見る」だけだ。これほどに戦後すぐのベルリンを写した映画はないのではないか。その廃墟を歩き、立ち尽くす少年の姿だけを見せた異様な映画である。

ほぼ同時期に、ロッセリーニは、女優のアンナ・マニャーニを主役にした二本の中編『人間の声』と『奇蹟』を合わせた『アモーレ』（一九四八年）を発表している。一九四七年に撮られた『人間の声』はフランスのジャン・コクトーの同名の独白劇が原作で、マニャーニは別れた男の電話を待ち、興奮して一人で話すシーンを長回しで見せる。『奇蹟』では羊飼い女役のマニャーニが放浪者を聖ヨゼフだと信じて、その男の子を出産する。本作はフェデリコ・フェリーニの原案で、彼が放浪者役で出演している。この二つに戦争の影はなく、『ドイツ零年』と同時期に愛の情熱と信仰を一人の女優に体現させて見せる作品を作っていることは、戦争の傷跡を描くことから離れてゆくその後のロッセリーニの展開を暗示する。また『奇蹟』は南イタリアのアマルフィで撮影し、現地の訛りも入れていることも指摘しておきたい。

(三) デ・シーカが描く、目の離せない絶望

俳優としてデビューしたヴィットリオ・デ・シーカは、『子供たちは見ている』(一九四三年)の脚本に参加したチェーザレ・ザヴァッティーニと戦後もコンビを組み、ネオレアリズモの一つの潮流を作ってゆく。『子供たちは見ている』は、自分勝手な親たちの姿を描いたが、『靴みがき』で中心となるのは二人の少年だ。彼らはローマの街頭で靴磨きをしている。相手はアメリカの進駐軍が多いが二人は物おじしない。彼らは貸し馬屋で馬に乗って遊ぶが、その馬を買うのが夢だった。靴磨きではとても金が貯《た》まらないので、誘われて闇商売に手を出す。馬は手に入るが、彼らはすぐに警察に捕まり、少年拘置所に入れられてしまう。

このあたりから観客は二人の少年から目が離せなくなる。二人は勘違いで喧嘩《けんか》するが、裁判で共に有罪になり、一方の少年は脱走を図って悲劇的な結果を生む。ロッセリーニの映画と違

って登場人物の心情が痛いほど伝わってくるし、どんどん悪い方向に進む展開は見事というほかない。実際にローマで靴磨きをしていた少年をスカウトして使ったというが、戦争孤児、闇商売、米兵といった戦後の風俗を巧みに転落のドラマに組み込んでいる。

『靴みがき』は街頭シーンも一部はスタジオでの撮影だったが、街頭シーンをすべてロケで撮影し、室内のシーンをほとんど使わずに成功したのが『自転車泥棒』だった。この作品では主人公となる父親も息子も素人を起用しているが、二人の行方から目が離せない。物語はシンプルで、職安の紹介でポスター貼りの仕事を得た男が自転車を盗まれるだけの話だ。ポスター貼りに自転車は不可欠で、シーツを質に入れて代わりに自転車を請け出す。ところが仕事の初日に自転車は盗まれる。父親は息子と共に町中をさがし歩き、友人に教えられて古自転車市に行くが見つからない。盗んだ男を見つけて追いかけるが見失い、もう一度似た男に出くわすが自転車はどこにもない。とうとう自分も自転車を盗むが捕まってしまう。子供はそのすべてを見ている。

父と息子はまるで即興のように町中を動き回るが、結局うまくいかない。この絶望的な二人の彷徨《ほうこう》は見ているとだんだん胸が締め付けられる。ここには直接的な戦争の影はないが、戦争がもたらした大都市の貧困がある。ロッセリーニのように戦争を再現したり戦後の荒廃を見せたりするのではなく、デ・シーカとザヴァッティーニは世界のどの都市でもどの時代にもいるような不幸な父子の物語を、普遍的な作品に昇華することに成功している。このコンビは『子供たちは見ている』から『靴みがき』を経て『自転車泥棒』でネオレアリズモの一つのモデルに達したと言えるだろう。

(四) ヴィスコンティの濃厚なリアリズム

『郵便配達は二度ベルを鳴らす』でネオレアリズモの最も先駆的な形を提示したルキーノ・ヴィスコンティは、一九四五年にイタリア全国パルチザン協会製作のドキュメンタリー映画『栄光の日々』(V)に共同監督として参加した。ほかの監督は「チネマ」誌の寄稿仲間であるジュゼッペ・デ・サンティスやマルチェッロ・パリエロ(『無防備都市』のマンフレディ役)、マリオ・セランドレイ(『郵便配達は二度ベルを鳴らす』の編集)である。この映画は『戦火のかなた』で描かれた内戦期のイタリアを、パルチザン側が撮った記録映像を中心にいくつかの再現映像を加えて構成されている。冒頭のクレジットでヴィスコンティが主に担当したのはローマの警察本部長の裁判だと出てくるが、前半の最後のこの裁判と後半の公開処刑場面はこの映画の白眉である。『無防備都市』や『戦火のかなた』と違って長い間海外で知られることはなく、国内でもほとんど上映されなかったが、ローマやミラノでのパルチザンの戦いを克明に見せる貴重な映像である。

その後演劇活動に専念していたヴィスコンティは、共産党からシチリアの漁民の記録映画を撮るよう依頼を受けた。もともとヴェリズモの作家として知られるジョヴァンニ・ヴェルガの長編小説『マラヴォリヤ家の人々』の映画化を考えていたヴィスコンティは、シチリア島の漁村アーチ・トレッツァでロケをする『揺れる大地』（一九四八年）を企画した。当初は漁民、農民、鉱夫を扱った三部作を考えていたために、本作には「海のエピソード」という副題が付いている。ヴィスコンティは現地に長く滞在し、島の漁民に主要人物を演じさせ、そのままのシチリア方言を話させた。途中で共産党がお金を出せなくなり、ヴィスコンティは金策のためにローマやミラノに走った。[*5]

映画は、代々続く漁師のヴァラストロ一家が、あくどい仲買人に逆らって自立しようとして破綻してゆく過程を描く。この映画で驚くのは、漁村のすべてを見せるように遠くの光景まで写し込んで縦横に動くカメラと、絶えず何かの音や声が入り込む音響だろう。冒頭、鐘の音に始まって仲買人たちの「捕れたかー！」という声が響く。その背景には波の音。ヴィスコンティ本人による冷めた標準語のナレーションがかぶさる。

夜になって漁師たちが出漁する。翌朝、海から漁師たちが戻り、仲買人と喧嘩をして秤《はかり》を海に次々に捨て始める。鐘が鳴り、警察も大勢やってきて漁師たちと仲買人の争いを止めようとする。カメラはアップとロングを繰り返し、怒る漁民の表情を捉えたかと思うと、遠くの街並や島や雲をも含む漁村の全体像を見せる。漁師の歌声、喧嘩の声、波の音、舟を漕《こ》ぐ音、警官の口笛、クラリネット、ハモニカなどあらゆる音が映画全体を覆う。

結局ウントーニを中心としたヴァラストロ家の反乱は失敗に終わり、彼らは家も舟も失って、小さな借家に住み仲買人に頭を下げて安い賃金で舟に乗る。ウントーニもその妹も恋人と結ばれない。しかしウントーニは「僕の失敗は無駄ではない」と胸を張る。これは『自転車泥棒』の父子とは違う、高らかな戦いの宣言である。ヴィスコンティは『郵便配達は二度ベルを鳴らす』で作り上げたその場の雰囲気をまるごと見せる手法を、この作品ではシチリア方言しか話さない漁村の大家族や群衆を使って実験し、階級闘争の物語を作り上げた。なおこの魔術的なまでの映像には、撮影監督のG・R・アルドの貢献も大きい。ヴィスコンティは大づかみなロッセリーニと逆の極度に構成されたリアリズムで、漁村を描いても最終的に密度の濃いオペラ的な世界を構築した。

『にがい米』（1949年）

（五）ネオレアリズモの多様性

映画雑誌「チネマ」の中心的存在でヴィスコンティの『郵便配達は二度ベルを鳴らす』の脚本にも参加した一九一七年生まれのジュゼッペ・デ・サンティスは、『栄光の日々』に共同監督として参加した後に『荒野の抱擁』（一九四七年）で単独監督としてデビューし、一九四九年『にがい米』が国内と日本を含む海外で大ヒットして高い評価を受けた。この映画は北イタリアの農村に集まる出稼ぎの女性たちを二人の男と共に描いたものだが、一番の特徴は大勢の貧しい出稼ぎの女性たちの集団をテンポよく生き生きと見せたことだろう。彼女たちがずらりと並んで苗を植えるシーンや祭で歌うシーンは、顔のクローズ・アップと移動撮影で巧みに構成している。そしてその中心となる女を演じるシルヴァーナ・マンガノと、彼女を騙して米を盗もうとする悪人役のヴィットリオ・ガズマン（当時の表記はガスマン）を肉感的に存在感たっぷりに描き、二人を一挙に世界的なスターにした。日本でもマンガノ（当時はマンガーノと表記）は話題になり、そのショッキングなほどグラマラスな肉体から（今日では信じ難いが）「原爆女優」と呼ばれた。この映画の後半には犯罪映画的な色彩も出てくる。田舎の貧しい人々をリアルに描きながらも階級闘争的な政治性には向かわず、迫真性に満ちた楽しめるドラマを作り上げている。

その後はルチア・ボゼーとラフ・ヴァローネ主演の『オリーブの下に平和はない』（一九五〇年）やマルチェッロ・マストロヤンニとマリナ・ヴラディ主演の『恋愛時代』（一九五四年）が日本で公開された。『オリーブの下に平和はない』はイタリア中部の丘陵地帯を舞台に地主に羊を奪われた羊飼いの復讐をドラマチックに描く。復活祭の大勢の村人たちの歌声は『にがい米』を思わせる。『恋愛時代』はラツィオ州の田舎町の結婚をテーマにした喜劇的作品である。異色なのはザヴァッティーニが脚本に加わった日本未公開の『ローマ一一時』（一九五二年、V）で、一名のタイピスト募集に詰め掛けた二〇〇人を超す女性たちによって、建物の階段が崩れ落ちて一名の死者が出るという、実際に起きた事件を再現した映画だ。病院に運ばれた女性たちからそれぞれの厳しい境遇が伝わってくる。

『ローマ一一時』の階段の倒壊は、エドゥアルド・デ・フィリッポ監督・主演の『ミラノのナポリ人』（一九五三年、未）でも描かれた、ナポリで起きた再開発による建物の倒壊事件を思わせる。一九〇〇年生まれのデ・フィリッポはナポリの演劇一家の生まれで映画俳優としても有名だが、一〇本近い監督・主演作品を残している。『ミラノのナポリ人』は、倒壊事件で亡くなった五人の遺族たちが再開発を主導したミラノの会社に抗議に出かける話で、結局彼らはミラノの工場に仕事をもらって働くという顚末《てんまつ》を大らかな喜劇として見せる。あるいは、後述するフランチェスコ・ロージの『都会を動かす手』（一九六三年、未）でもナポリの無理な開発で、古い建物が倒壊して死者が出る。

ベテランでは、サイレント期から活躍し、『雲の中の散歩』（一九四二年）で戦後映画の先駆的作品を作ったアレッサンドロ・ブラゼッティが、復興したチネチッタでフランスとの合作『ファビオラ』（一九四八年）を監督した。これはブラゼッティ得意の歴史大作で、四世紀のローマを舞台に主人公のファビオラをフランスのミシェル・モルガンが演じるほか、アンリ・ヴィダルやミシェル・シモンなどフランスで活躍する俳優が主要な役を演じた。脚本にはチェーザレ・ザヴァッティーニも参加している。なおこの映画にはイタリア語版とフランス語版があり、脇役はそれぞれの国の俳優が演じている。『初聖体拝領』（一九五〇年、未）では、脚本はザヴァッティーニにスーゾ・チェッキ・ダミーコも加わって、娘の聖体拝領式の衣装をめぐってローマ中を駆け巡る父親の喜劇的な姿をアルド・ファブリッツィが大げさに演じた。いわばブルジョア喜劇で、この時点でネオレアリズモ的傾向はかなり薄まっていると言えよう。大量に流れるナレーションは後に喜劇スターとなるアルベルト・ソルディ。

同じくベテランのアウグスト・ジェニーナは、『沼の上の空』（一九四九年、未）でネオレアリズモ的傾向を見せた。一九〇二年に一二歳で亡くなり後に聖女となる実在の少女マリア・ゴレッティを描いた作品で、監督が脚本も手がけた。実際にマリアが生きた湿地帯で撮影し、『揺れる大地』も手がけたG・R・アルドの撮影が素人俳優からなる貧しい農民たちをリアルに見せている。全体には宗教色が強いが、アンドレ・バザンはこの映画を『揺れる大地』と共に「演技のない映画、役者がうまく演じたかどうかがもはや問題となりえないほど、俳優が役柄に同化した映画というべきだろう」[*6]と評価する。

一九四〇年代前半のデビュー組では一九〇五年生まれのルイジ・ザンパが重要だろう。映画実験センターを卒業し、一九四〇年代前半に数本の劇映画を監督しているが、日本で彼の名前が知られるのは『平和に生きる』（一九四七年）からである。これは内戦期を描いたという点では『無防備都市』や『戦火のかなた』と同じだが、それを喜劇として仕上げている。ドイツ兵が一名だけ派遣されている小さな村にアメリカ兵が二名やってくる。この二人を匿《かくま》った家にドイツ兵がやってきて大騒ぎになるが、彼らは結局、村人と仲良く酒を飲んで打ち解ける。アメリカ兵とイタリア人の交流は、『戦火のかなた』でもシチリアやナポリのエピソードで描かれるが、違いはアメリカ人が二人ともイタリア語を話すこと。ドイツ兵もイタリア語を話す。ロッセリーニにおいて重要だった言語の違いに発するコミュニケーションの困難はない。『無防備都市』で悲劇の神父を演じたアルド・ファブリツィが一家の主《あるじ》で喜劇の中心となるだけに、その違いに驚く。

ザンパが同じ年に作った『婦人代議士アンジェリーナ』(V)では、『無防備都市』で恋人を追いかけて銃で撃たれる有名な場面を演じたアンナ・マニャーニが、五人の子供を持つ貧乏だが元気な主婦アンジェリーナをコミカルに演じる。戦後の食物配給制度や悲惨な住宅事情を背景に、彼女を中心とした庶民たちの抗議行動が成功し、議員になりかける話だ。戦後の貧困を語ってはいるし、特権階級への抵抗を見せてもいるが、『揺れる大地』のような階級闘争ではなく、最終的に喜劇として見せる。その後はジーナ・ロロブリージダ(当時はロロブリジーダと表記)を起用してファシズム期の女の悲劇を描いたモラヴィア原作の『ローマの女』(一九五四年）が日本でも公開された。同じ年に公開された『うまく世間を渡る法』（未）はアルベルト・ソルディ演じる主人公が戦前から戦後にかけてのシチリアを舞台に、時代によって社会主義者、ファシスト、共産主義者などとコロコロと立場と妻を変えながら要領よく生き抜く物語だ。ソルディのナレーションと会話が全体を支配し、時代の変遷を笑いたっぷりに描く手法は後の「イタリア式喜劇」を先んじている。

四〇年代前半にデビューした「美文体派」の監督は、その文学志向や造形美へのこだわりを保ちながらネオレアリズモ的テーマに挑んだ。アルベルト・ラットゥアーダは、『慈悲なき世界』（一九四八年）で第二次世界大戦直後、北イタリアの港町リヴォルノにおける黒人将校とイタリア人女性の恋を描く。アメリカ兵、密輪団、娼婦《しょうふ》、麻薬組織などの戦後風物をネオレアリズモ的に巧みに取り入れながらも、悲劇的なメロドラマとして作り上げた。『ポー河の水車小屋』（一九四九年）は脚本にフェデリコ・フェリーニが参加したこの時期の代表作で、日本でもヒットした。一九世紀末の北イタリアを舞台に、先祖代々の水車小屋による粉ひきを家業とする家族の娘と、古くからの農家の息子の悲恋を描く。フェリーニと『寄席の脚光』（一九五〇年、V）を共同監督した後に、『外套《がいとう》』（一九五二年、未）などが注目されたが、日本では公開されなかった。

レナート・カステラーニは『私の息子は教授』（一九四六年、V）で高校の用務員（アルド・ファブリツィ）が息子を教授にする喜劇を撮った後、『春が来た』（一九五〇年、未）とカンヌでグランプリを受賞した『2ペンスの希望』（一九五一年）で「バラ色のネオレアリズモ」の創始者と言われる。どちらもロケで素人を起用しており、貧しい若い男女の恋愛をユーモアたっぷりに等身大で描いた。一九五四年には華麗なカラー映画『ロミオとジュリエット』がヴェネツィアで金獅子《きんじし》賞を受賞した。

マリオ・ソルダーティも『田舎女』（一九五二年）、『書記官ポリカルポ』（一九五九年）などが高い評価を得たが、日本で公開されたのは『河の女』（一九五四年）のみだった。これはデビューしたてのソフィア・ローレンがカラー画面いっぱいに若々しいグラマーな肢体を見せるメロドラマで、彼女が踊る「マンボ・バカン」も話題になった。同じ年のエットレ・ジャンニーニ監督『ナポリの饗宴《きょうえん》』にもソフィア・ローレンが出ている。これは数世紀にわたるナポリの歴史をミュージカルのように綴《つづ》る、ほかに例を見ない構成の佳作である。

(六) ネオレアリズモとは何だったのか

ネオレアリズモ期のイタリア映画全体を眺めると、結局のところ「貧しい人々を描く」以外の共通性はない。スタジオ撮影も多いし、プロの俳優も数多く出ているし、喜劇やメロドラマの要素もふんだんに見られる。この時期の作品をまたぐ存在として、一九四三年から三〇年以上デ・シーカとコンビを組んだザヴァッティーニの存在は重要である。ザヴァッティーニはほかにもヴィスコンティやデ・サンティス、ザンパ、ブラゼッティなどの脚本を書いており、後に述べるように自分が脚本を書いて複数の監督たちを集めたオムニバスの企画製作にも関わっている。岡田温司は「作家主義や純粋主義にとらわれることなく、もっと開かれたネオレアリズモの歴史をひもとくに当たって、ザヴァッティーニの理念と業績が重要な指針を与えてくれる」[*7]とその重要性を力説する。

もともとこの時期のイタリアでは脚本を五、六人で共同執筆することが多かったが、ザヴァッティーニ以外の脚本家の名前も挙げておきたい。セルジオ・アミデイは、ロッセリーニの『無防備都市』ほか戦争三部作およびデ・シーカの『靴みがき』に共同脚本家として名前が出ている。スーゾ・チェッキ・ダミーコはザンパの『平和に生きる』、デ・シーカの『自転車泥棒』に脚本参加している。その後もアミデイはロッセリーニの作品を中心に活動し、ダミーコはヴィスコンティの片腕となり、戦後のイタリア映画を支える脚本家となった。ネオレアリズモと言えば「即興演出」のイメージがあるが、実は層の厚い脚本家たちによって支えられており、数名による共同脚本に若い脚本家が参加することで、ネオレアリズモから一九六〇年代までイタリア映画の黄金時代をつなぐことになった。

ネオレアリズモ初期の作品はイタリアでは必ずしも評価されなかったが、アメリカやフランスでは高く評価された。とりわけロッセリーニの評価はイタリアでは低かったが、ニューヨークでは『無防備都市』は二年余りロングランを続け、アンドレ・バザンをはじめとするフランスの評論家は新しい映画として称えた。日本でネオレアリズモ初期の映画が公開されたのは一九四九年で、その年の「キネマ旬報ベスト・テン」は、外国映画の一位が『戦火のかなた』で六位が『平和に生きる』である。翌年は同一位が『自転車泥棒』、四位が『無防備都市』、七位が『靴みがき』とさらにベストテンを席巻している。これらを日本で配給したのはイタリフィルム社代表のジュリアーナ・ストラミジョーリというイタリア人女性で、一九五一年に黒澤明の『羅生門』をヴェネツィアに送り込んで金獅子賞に導き、日本映画の海外進出の先駆けとなった。

ネオレアリズモはそれまでのスター中心の映画ではなく、戦後の荒廃や貧困を悲劇や喜劇やメロドラマとして描くことで、世界各地の映画に大きな影響を与えた。いわゆる「現代映画」の起源はすべてネオレアリズモにあると言っても過言ではないだろう。

第四章　変容するネオレアリズモ

(一) フェリーニの登場と成熟

一九五〇年、フェデリコ・フェリーニとミケランジェロ・アントニオーニの二人の重要な監督が第一作目の長編劇映画を作った。共に四五年以前からロッセリーニを中心としたネオレアリズモ運動に連なる経歴を持っていた。一九二〇年生まれのフェリーニは雑誌に雑文や挿絵を書くうちに、映画のギャグやシナリオに協力していた。ロッセリーニは『無防備都市』にアルド・ファブリツィを出演させたいと思い、彼と親しかったフェリーニに接触した。それをきっかけにフェリーニはシナリオにも協力することになった。『戦火のかなた』ではシナリオ協力のみならず、助監督としてイタリア全土のロケに参加した。そして『アモーレ』では後半の中編『奇蹟』の原案を出し、出演している。

フェリーニが最初に監督した『寄席の脚光』（一九五〇年、V）は、六歳年長ですでに『ポー河の水車小屋』などのネオレアリズモ作品を手がけていたアルベルト・ラットゥアーダとの共同監督だった。しかし現在この作品を見ると、旅回りの芸人たちの世界を描き、ダンスや歌を交えて見せるという点で、極めてフェリーニ的に思える。物語は、女優を夢見る若いリリアーナがケッコ率いる一座に弟子入りし、だんだん人気が出てそこを去ってゆくというもの。フェリーニは、社会の周辺を放浪する人々が作り出すちょっといかがわしい祝祭的な雰囲気を生涯描き続ける。

初めて単独で監督をした『白い酋長』（一九五二年）は、新婚旅行で田舎からローマにやってきた夫婦を描く喜劇で、妻が映画スターに憧れて夫に無断で会いに行き、一緒に撮影現場まで行ってしまう。ローマに着く朝から妻が戻る翌朝までの一日を、夫と妻のそれぞれの場面を交互にテンポよく見せた。原案にアントニオーニが参加しているほか、作曲家のニーノ・ロータと初めて組んだ作品でもあった。『寄席の脚光』は限られた上映だったが、『白い酋長』はヴェネツィア国際映画祭で上映された後、各地で公開された。内外でフェリーニの名前が知れ渡ったのは三作目の『青春群像』（一九五三年）で、ヴェネツィアで銀獅子賞を受賞した。原題は『子牛たち（＝のらくらものを指す）』で、ある海辺の街でろくに仕事もしない五人の怠惰な青年たちの彷徨を描く。フェリーニの故郷リミニを想定して作った映画で、最後に街を出てゆく最年少のモラルドは、監督自身を思わせる。彼の映画に自伝的要素が登場する最初である。

フェリーニが日本で人気を得るのは一九五七年の「キネマ旬報ベスト・テン」で一位になった『道』(一九五四年)からである。大男のザンパノ(アンソニー・クイン)と知的に障がいがあるが素直なジェルソミーナ(ジュリエッタ・マシーナ)の大道芸の旅を描いたもので、ニーノ・ロータ作曲の「ジェルソミーナのテーマ」が有名になった。この世界的なヒットで次回作からはフランスとの合作が始まる。『崖』(一九五五年)では『青春群像』の続編のように三人の詐欺師の男たちとその末路を描く。『カビリアの夜』(一九五七年)ではジュリエッタ・マシーナ演じる娼婦カビリアが男に何度騙されてもめげずに生きる姿を描いて、カンヌで彼女は主演女優賞を得た。『カビリアの夜』の最後でカビリアを取り巻く若者たちが祭のように楽器を奏でる場面は、その後フェリーニ的な祝祭として定着する。この作品までが、ロケ撮影を中心に社会の底辺に生きる人々を愛情を持ってリアルに描く「初期フェリーニ」である。

『甘い生活』(一九六〇年)から、都市に生きる主人公の苦悩が描かれるようになる。映画の冒頭のキリスト像を運ぶヘリコプターや終盤の海岸に打ち上げられた怪魚など、シンボリックな映像が登場するのもこの作品からである。マルチェッロ(マルチェッロ・マストロヤンニ)を中

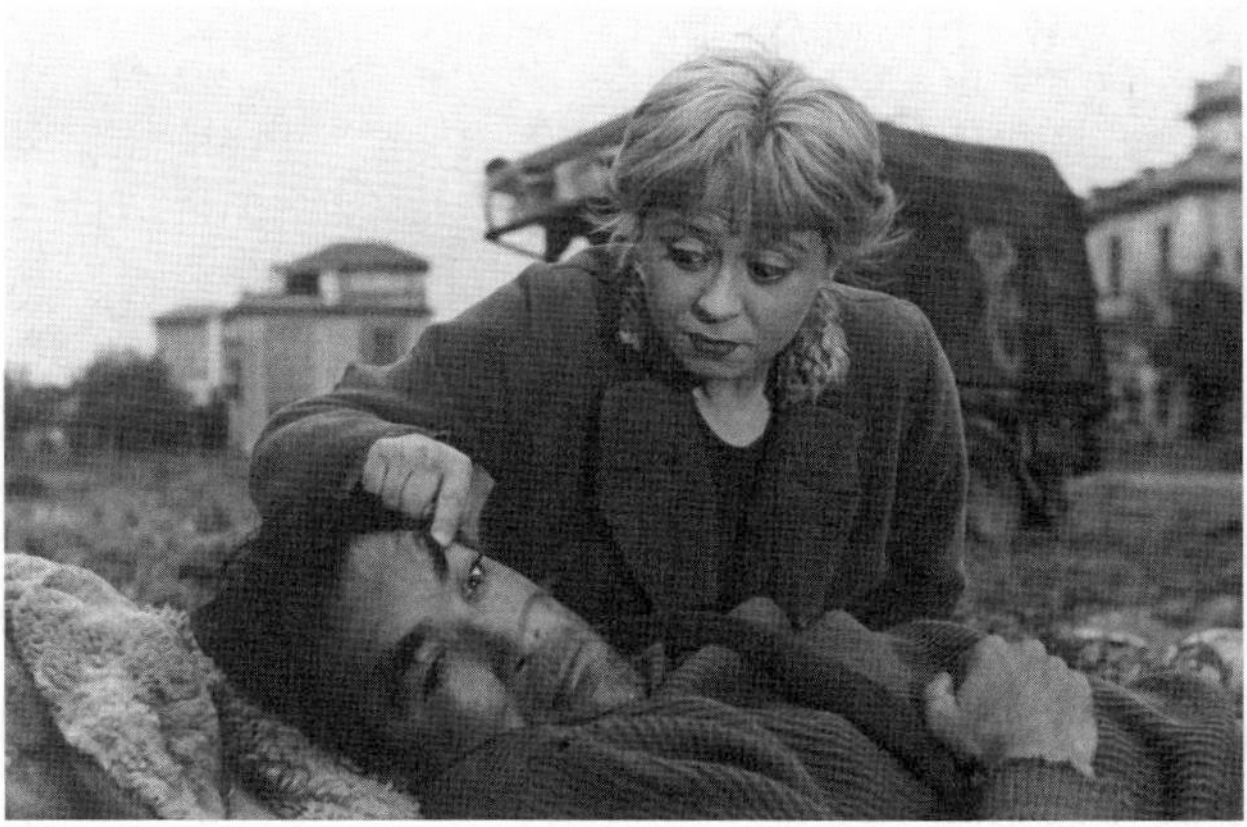

『道』（1954年）　　写真提供：Everett Collection／アフロ

心に、ローマの社交界や芸能界、カトリック教会を皮肉たっぷりに見せてゆくが、短いエピソードの連続で一貫したストーリーがないのもこの作品が初めてながら、イタリアでその年の一番の興行収入を挙げた。『$8\frac{1}{2}$』（一九六三年）からは、さらに幻想的要素が増してくる。主人公グイドは映画監督で、保養地の温泉で療養しながら次回作の準備をしている。そこで彼の脳裏に現れるのは幼い頃の記憶や女たちに取り囲まれる夢であり、映画製作は一向に進まない。初のカラー作品『魂のジュリエッタ』（一九六五年）では、ジュリエッタ（ジュリエッタ・マシーナ）が、家にあまりいない夫に不満を募らせ、夢と現実の中で自分さがしをする物語である。『$8\frac{1}{2}$』で映画監督が浮気をする妄想を描いたフェリーニは、この作品で妻の側の夢を描いた。これら三作ではロケよりもセットが主になり、主人公の自我が前面に押し出された点で、その後の『サテリコン』（一九六九年）や『フェリーニのローマ』（一九七二年）のような人工的な幻想的世界を予見している。

(二) アントニオーニが追求した不条理

一九一二年生まれのミケランジェロ・アントニオーニは、ファシズム期にはネオレアリズモを生んだ雑誌「チネマ」に寄稿し、ロッセリーニの『ギリシャからの帰還』の脚本に参加している。『ポー川の人々』（一九四三年、公開は四七年）など短編や中編のドキュメンタリーを作り、『愛と殺意』（一九五〇年、V）で劇映画を初監督した。これは裕福な実業家の若妻の不倫を描いたもので、それまで戦後の貧しいイタリアを描いてきたネオレアリズモの世界とは大きく異なっている。そのうえ、ミラノの恋人たちが会う郊外や探偵が赴くフェラーラの町には何もない空虚な空間が広がっている。女は自分の意志をはっきり打ち出すが、その恋人が優柔不断なのもその後の彼の映画に引き継がれてゆく。

『椿《つばき》なきシニョーラ』（一九五三年、V）では売り子から映画女優になったクララ（『愛と殺意』で主演のルチア・ボゼー）の悲劇を描く。クララにも彼女が結婚する映画プロデューサーにも感情移入ができない冷めた見せ方は、『愛と殺意』から一貫している。『女ともだち』（一九五五年）はトリノの高級ブティックを舞台に五人の女の友情と恋愛を描く。ここでも一途な女たちの生き方に比べて、男たちの不甲斐《ふがい》なさが際立つ。

『さすらい』（一九五七年）は、アントニオーニには珍しく都会人ではなく地方に住む労働者を取り上げた。恋人のイルマ（アリダ・ヴァッリ）に突然の別れを告げられたアルド（スティーヴ・コクラン）は娘を連れて放浪する。冒頭、イルマがアルドを避けるために逃げ回るシーンに始まって、アルドが誰もいない道を放浪する場面が続く。『愛と殺意』で見出《みいだ》された空虚な時空間が全編を通して現れ、その後のアントニオーニの不条理な愛の世界の幕開けとなった。

『情事』（一九六〇年）からはフランスとの合作が始まり、『夜』（一九六一年）、『太陽はひとりぼっち』（一九六二年）の三本は監督のパートナーでもあるモニカ・ヴィッティが出演する「愛の不条理三部作」として知られる。登場人物の恋愛にどこか共感できないのは最初の『愛と殺意』からだが、『情事』以降は登場人物たちの行動自体が不可解さを増してくる。『情事』では冒頭から出てくる主要な人物のアンナは途中から姿を消し、その恋人のサンドロはアンナの親友のクラウディア（モニカ・ヴィッティ）になぜか近づき、クラウディアも受け入れる。しかしサンドロは作家志望の女と関係を持つ。アンナが失踪するエオリエ諸島の殺伐とした雰囲気はサンドロとクラウディアがたどり着くタオルミナのホテルまで続き、人間の闇をのぞくような気分にさせられる。

『夜』は結婚して一〇年目になるリディア（ジャンヌ・モロー）と作家のジョヴァンニ（マルチェッロ・マストロヤンニ）の不仲を執拗《しつよう》に見せる。リディアはかつての恋人のトンマーゾを夫と見舞いに行って深い悲しみに落ち、ミラノを彷徨う。ジョヴァンニは新刊書のパーティーでヴァレンティナ（モニカ・ヴィッティ）と出会う。言葉少ない夫婦の間にはまさに深淵《しんえん》が広がる。『太陽はひとりぼっち』ではさらにセリフが少なくなり、恋人と別れたヴィットリア（モニカ・ヴィッティ）とローマの株式市場につとめる若いピエロ（アラン・ドロン）との出会いを描く。表情のないモニカ・ヴィッティからは、なぜ恋人と別れるのかも、本当にピエロを愛しているのかもわからない。株の大暴落シーンは対照的に大声が飛び交うが、彼女はまったく関心を示さない。

『赤い砂漠』（一九六四年）はその方向をさらに推し進める。モニカ・ヴィッティ演じるジュリアーナは港湾工場地区に住む精神を病んだ主婦で、夫とも、肉体関係を持つ夫の同僚との間にも愛が存在しない。初のカラー作品で幾何学的な色彩設計を駆使したこともあり、人間存在の不条理さへの追求は極点に達している。この作品は、ヴェネツィア国際映画祭で金獅子賞を受賞。その後海外での製作に軸足を移す。

(三) 巨匠たちの展開──ロッセリーニ、ヴィスコンティ、デ・シーカ

ネオレアリズモを牽引《けんいん》したロッセリーニ、ヴィスコンティ、デ・シーカは、その後それぞれまったく異なる展開を見せた。

ロッセリーニは『無防備都市』と『戦火のかなた』に感動してイタリアにやってきたイングリッド・バーグマンを起用して、『ストロンボリ』(一九五〇年)、『ヨーロッパ一九五一年』(一九五二年)、『われら女性』(オムニバス、一九五三年)、『イタリア旅行』(一九五四年)、『火刑台上のジャンヌ・ダルク』(一九五四年)、『不安』(一九五四年)を立て続けに作った。これらの多くでバーグマンは「外国からやってきたイタリア語があまりできない女性」を演じ、『戦火のかなた』で見られた多言語によるコミュニケーションの難しさを体現することになった。

『ストロンボリ』では、リトアニア出身で戦争難民となったバーグマン演じる女性が南イタリアの孤島・ストロンボリ出身の男と結婚し、その島に住み始めて苦労する様子が描かれる。この映画でロッセリーニの変化を感じるのは、島民たちが舟で魚を捕るシーンや火山噴火の際に舟に乗って逃れるシーンに土俗的な宗教性が見られることである。あるいはバーグマンが終盤

に火山を越えて逃げようとする場面では神に祈る。『ヨーロッパ一九五一年』では、バーグマンはアメリカ人女性を演じ、息子に先立たれたのを契機に、貧しい人々の救済に向かう。精神病院に入れられた彼女を見た貧しい人々は「聖人だ」と口を揃えて言う。『イタリア旅行』では別荘を売りに来たイギリス人の妻の役で、ナポリの古代彫刻やポンペイの遺跡の人々に力強い愛情を感じて茫然《ぼうぜん》自失となる。最後は聖母マリア像の行列の興奮に同調するように夫と抱き合う。ここにも宗教的なものへの希求がある。バーグマンは出ていないが一九五〇年の『神の道化師、フランチェスコ』では、聖フランチェスコの生涯を語るのに断片化されたエピソードを、ユーモアを交えて淡々と積み重ね、高い精神性を見せた。インドで撮ったドキュメンタリー・タッチの『インディア』(一九五八年)にも、キリスト教世界とはまったく異なる異教の宗教性が感じられる。

その後ロッセリーニは、ドイツ占領下のイタリアを描いた『ロベレ将軍』(一九五九年)と『ローマで夜だった』(一九六〇年)を作る。セットを使ったレジスタンス運動の描写は『無防備都市』の迫力はないが、『ロベレ将軍』はレジスタンス活動家を騙すイタリア人を描いたのが興味深い。ましてその役をファシズム期に俳優として活躍し、戦後はネオレアリズモの監督となったデ・シーカが演じるのだからなおさらである。その後は『イタリア万歳』(一九六一年、未）や『ヴァニナ・ヴァニニ』（一九六一年、未）でイタリア統一運動を描いた。それらの作品は商業的に失敗し、その後はルイ一四世の権力掌握からヴェルサイユ宮殿の建設までを歴史に忠実に描いたフランスのテレビ局製作の『ルイ十四世の権力奪取』（一九六六年、未）をはじめとして、『ソクラテス』（一九七〇年、未）、『ブレーズ・パスカル』（一九七二年、未）などテレビ番組用の歴史劇を二〇本近く残した。戦前のプロパガンダ映画から戦争三部作を経てバーグマン主演の映画を撮り、さらに教育映画に向かうロッセリーニについて蓮實《はすみ》重彦は「ロッセリーニにとっての一貫した主題とは、人類が存在しているという事実を前にしての不断の驚きを、映画という視聴覚的な手段によって肯定的に提示する作業にほかならない[*1]」とする。これはロッセリーニがネオレアリズモを超えて、古今東西の人間の生きる姿を直感的なショットで見せ続けたという意味だろう。

ヴィスコンティはデ・シーカと組んでいたザヴァッティーニの原案による『ベリッシマ』（一九五一年）で、娘を子役にしようと奔走する母（アンナ・マニャーニ）を、ユーモアを込めてリアルに描いた。しかし初のカラー作品『夏の嵐』（一九五四年）では、これまでのように貧しい人々を描くのではなく、一九世紀のイタリア統一運動の中で愛に生きる貴族の女性リヴィア（アリダ・ヴァッリ）をドラマチックに見せて新たな道に進んだ。マーティン・スコセッシ監督はイタリア映画をめぐるドキュメンタリー『私のイタリア映画旅行』（一九九九年、V）で「この作品は過去を描いたネオレアリズモだ」と述べている。一見豪華絢爛《けんらん》な貴族の世界を描きながらも、そこには恋愛に破れて落胆し彷徨する女性の極めてリアルな姿が描かれているという意味である。『白夜』（一九五七年）はドストエフスキーの同名短編をもとに、オールセットでコンパクトなメロドラマとなった。『若者のすべて』（一九六〇年）はまるで『揺れる大地』の続編のように、南部からミラノに移住した母と五人の息子たちの困難な日々を描く。とりわけボクサーとなる三男ロッコを演じるアラン・ドロンの渾身《こんしん》の演技が印象に残る。社会問題を正面から描く姿勢はネオレアリズモの健在ぶりを見せつけた。

しかしイタリア統一運動の時代の貴族の黄昏《たそがれ》を豪華絢爛に描いた三時間を超す大作『山猫』（一九六三年）以降、ヴィスコンティの主題は貴族や裕福な人々の葛藤を描くことに向かっていく。『山猫』はその年のイタリア興行収入一位となった。『熊座の淡き星影』（一九六五年）は『山猫』でスターになったクラウディア・カルディナーレの魅力をたっぷり見せる白黒の小品。『異邦人』（一九六七年）はカミュの原作を忠実に映画化したが、カミュ未亡人の反発があり、ヴィスコンティが望んだキャストも得られず、アルジェリア戦争の時期に設定しようという希望もかなえられなかったため[*2]、期待外れに終わった。

デ・シーカは脚本家のチェーザレ・ザヴァッティーニと組み続け、『ミラノの奇蹟』（一九五一年）では得意の貧しい少年たちの描写が、終盤にはほうきで空を飛ぶファンタジーになった。しかし同じコンビの『ウンベルトD』（一九五二年）では、かつて公務員だった老人の年金暮らしの厳しさを丹念に描いてネオレアリズモ精神の継続を見せた。

しかしデ・シーカとザヴァッティーニは『終着駅』（一九五三年）からは、商業路線へと大きく舵《かじ》を切った。『終着駅』ではジェニファー・ジョーンズとモンゴメリー・クリフトというハリウッド・スターを招き、ローマのテルミニ駅で不倫関係にある恋人たちの別れを演じさせた。後半は映画と実際の時間を一致させる巧みな構成もあって、世界的なヒットとなった。『ナポリの黄金』（一九五四年、未）は六話のオムニバスで喜劇役者トト、ソフィア・ローレン、デ・シーカ、シルヴァーナ・マンガノ、エドゥアルド・デ・フィリッポらを揃えた。ソフィア・ローレンの話が抜群におかしいが、ほかはナポリの暗い面をユーモアで見せて興味深い。『ふたりの女』（一九六〇年）と『昨日・今日・明日』（一九六三年）はソフィア・ローレンの魅力を最大限に見せた。前者は第二次世界大戦末期の母と娘の悲劇を描き、ユーモアも込めてイタリアの過去を振り返るもの。後者は三話構成の艶笑喜劇でナポリ、ミラノ、ローマを舞台にソフィア・ローレンとマルチェッロ・マストロヤンニがたっぷり楽しませる。これが世界的に大ヒットし、デ・シーカ監督は同じコンビで一九六四年『あゝ結婚』を作った（これらは後述する「イタリア式喜劇」に属する）。

脚本家のザヴァッティーニはデ・シーカを中心に多くの監督の脚本を書きながら、一九五三年には彼自らが脚本を書いてプロデュースした六人の監督によるオムニバス『街の恋』と、五人の監督による『われら女性』を手がけている。さらに一九六三年には若手監督一五人によるオムニバス・ドキュメンタリー『ローマのミステリー』（未）を企画している。

このように、ネオレアリズモの巨匠たちは六〇年代にそれぞれの道を着実に歩んだ。ロッセリーニは人間存在の探求に向かい、ヴィスコンティは華麗な貴族の世界の中のドラマを追求し、デ・シーカは世界中で愛される大衆路線に進んだ。そして、デ・シーカの盟友である脚本家のザヴァッティーニはオムニバス映画のプロデュースによって新しい才能を発掘していったのである。

(四) ネオレアリズモ期の歴史大作

ネオレアリズモの隆盛の中、戦前のサイレント期からの巨匠たちの多くは、それとは別の道を歩んだ。

マリオ・カメリーニは『二通の匿名の手紙』（一九四五年、未）のようなネオレアリズモ的傾向の作品も残したが、その後はカーク・ダグラス主演のスペクタクル史劇『ユリシーズ』（一九五四年）やソフィア・ローレンとマルチェッロ・マストロヤンニ主演の歴史艶笑喜劇『バストで勝負』（一九五五年）のような大作を作り、日本でも公開された。

史劇は一九一〇年代のイタリア映画で隆盛を極めたものの、その後低迷していた。しかし、五〇年代からはネオレアリズモの一方で歴史大作が復活した。こうした背景にはハリウッドがイタリアで『クォ・ヴァディス』（一九五〇年）などを撮影したこともあるだろう。そしてヘラクレス、マチステ、ウルスス、サムソン、ゴライアスなど神話や古代や聖書の人物を扱う映画がシリーズ化された。代表的な監督に、リッカルド・フレーダ（『戦車を駆る女王テオドラ』一九五四年、『快傑白魔』一九五九年）、ヴィットリオ・コッタファーヴィ（『ヘラクレスの復讐』一九六〇年、『豪勇ゴライアス』一九六一年）、ピエトロ・フランチーシ（『ヘラクレス』一九五七年、『ヘラクレスの逆襲』一九五九年）などがいる。これらの歴史大作は国内でヒットしただけでなく、中近東やアフリカ、中南米に大量に輸出されて映画産業を支えた。

オペラ映画もその贅沢《ぜいたく》な衣装やセットを見せる点では歴史大作に近く、サイレント期から活躍したカルミネ・ガッローネはその代表的存在で『イル・トロヴァトーレ』（一九四九年、未）、

『ファウスト（悪魔篇）』（一九五〇年）や『カヴァレリア・ルスティカーナ』（一九五三年、未）のほか、東宝との合作で八千草薫《かおる》が主演した『蝶々夫人《ちょうちょうふじん》』（一九五四年）も監督した。

アレッサンドロ・ブラゼッティは、歴史大作『ファビオラ』の後はオムニバス形式の『懐かしの日々』（一九五二年）や欧州各地で撮影した『ヨーロッパの夜』（一九五九年）が知られる。ソフィア・ローレンとマルチェッロ・マストロヤンニ主演の『こんなに悪い女とは』（一九五四年、未）は愉快な喜劇であり、二〇〇一年に東京でも上映された。もっとも、ブラゼッティは現在では監督としてよりは、ヴィスコンティの『ベリッシマ』での本人を演じた監督役がなじみ深いかもしれない。

（五）「バラ色のネオレアリズモ」

一方で、新しい世代が喜劇の可能性を切り開いた。一九一四年生まれのピエトロ・ジェルミはデビュー作『証人』（一九四五年、V）からアメリカ映画に学んだ語りのうまさを見せてきた。日本でも公開された第三作『無法者の掟《おきて》』（一九四九年）は西部劇のような作りで、シチリアのマフィアが支配する町に降り立った若い裁判官がマフィアに挑む姿をサスペンスとロマンスを巧みに交えて描いている。戦後のイタリアでマフィアをリアルに描いた最初の映画であり、現代まで続くマフィアものの源流と言えよう。脚本にフェリーニのほか、後に監督となるマリオ・モニチェッリも参加している。

同じくフェリーニが脚本に参加した『越境者』（一九五〇年）は、廃鉱になったシチリアの鉱山を捨てて、フランスへ移住する二〇人ほどを描く。二〇年後の山田洋次監督『家族』を思わせる内容だが、途中で脱落していく人々も含めて全員の生き方に恋愛やアクションを交えて丹念に描いた力作だ。『鉄道員』（一九五六年）からは、ちょうどヴィットリオ・デ・シーカと同じように、より多くの大衆に受け入れられる路線に転換する。この映画は少年の語りを巧みに使って、監督自身が演じる頑固な鉄道員の一家を愛情込めて描き、一九五八年の「キネマ旬報ベスト・テン」五位、読者投票では一位となった。またこの作品のルスティケッリ作曲の映画音楽も日本で大ヒットした。その後も自ら主演した『わらの男』（一九五七年）では中年男が若い女にのめり込むメロドラマを描き、『刑事』（一九五九年）では刑事を主人公としたフィルム・ノワールを作り上げた。マルチェッロ・マストロヤンニ主演で『甘い生活』の上映シーンも出てくる『イタリア式離婚狂想曲』（一九六一年）、ステファニア・サンドレッリ主演でシチリアでの結婚をめぐるドタバタを描く『誘惑されて棄てられて』（一九六三年）はこの後に述べる「イタリア式喜劇」に近づき、シチリアの保守性を笑いながらも人生の機微を見せる。この時期では、デ・シーカと共に日本で最も愛された監督であろう。

ジェルミと同世代の一九一六年生まれのルイジ・コメンチーニは喜劇役者トトを主人公にした喜劇『カプリの皇帝』（一九四九年、Ｖ）で話題を呼び、『パンと恋と夢』（一九五三年）は、カステラーニの『２ペンスの希望』と並んで「バラ色のネオレアリズモ」の代表作と呼ばれた。この映画は、戦後の山村にやってきた警察署長をデ・シーカが演じ、ジーナ・ロロブリージダをはじめとする地元の女性たちと愉快な喜劇を演じる。「バラ色のネオレアリズモ」は左派の批評家からはネオレアリズモに対する侮辱だと批判されたが、スターを使いながらも軽快かつリアルなメロドラマは今見ても十分におもしろい。

一九一八年生まれでドキュメンタリー出身のルチアーノ・エンメルの『八月の日曜日』（一九五〇年、Ｖ）は普通は「バラ色のネオレアリズモ」に分類されないが、ローマに近いオスティア海岸に出かける大勢の人々の人間模様を見せており、その一作と言えるだろう。海岸で遊ぶ人々のたった一日を描く当時は珍しい作品で、若きマルチェッロ・マストロヤンニの初々しい警官役も楽しめる。日本で公開された『高校三年』（一九五三年）でも群像劇にさえを見せ、高校三年生の男女の恋愛模様を爽やかに描き分けた。その後はピエル・パオロ・パゾリーニが脚本に加わった『飾り窓の女』（一九六〇年）でも、オランダの鉱山で出稼ぎをする二人の若者のアムステルダムでの愉快な週末を描いた。

『八月の日曜日』と同じくローマ郊外の海岸での休日を描いたのが、俳優のアルド・ファブリツィ製作・監督・主演の『パッサグアイ一家』（一九五一年、未）である。ファブリツィは『無防備都市』の神父役で有名だが、喜劇役者でありながら監督・主演の作品が八本ある。『パッサグアイ一家』は彼が演じる会社員が家族を連れて海岸に行く一日を描いた喜劇で、撮影は後のホラーの巨匠、マリオ・バーヴァがつとめた。

(六)「イタリア式喜劇」の誕生

「バラ色のネオレアリズモ」の延長線上にあると言われるのが、「イタリア式喜劇」である。これは単にイタリアの喜劇映画という意味ではなく、五〇年代末から六〇年代のイタリアの高度経済成長期に現れた利己的で小心者の庶民やブルジョアたちをブラックなユーモアで描く悲喜劇を指すが、多くは日本で公開されなかった。

コメンチーニの『みんな家に帰れ』（一九六〇年）は、一九四三年にイタリアが休戦協定を結び軍隊が解散された後、帰宅命令の出た兵隊たちがドイツ兵、アメリカ兵、ファシスト、パルチザンたちに遭遇して混乱するさまをユーモアを交えて描いた。『虎にまたがって』（一九六一年）は刑務所を脱獄する四人の囚人たちの悲惨な逃亡をシニカルな笑いで見せた。喜劇の中に冷めた視線を見せるこの二本は彼の代表作だが、日本では公開されていない。彼の監督作で日本で人気を呼んだのは『ブーベの恋人』（一九六三年）で、クラウディア・カルディナーレとアメリカの俳優、ジョージ・チャキリスが戦争の影を引きずるカップルを演じ、カルロ・ルスティケッリの音楽は日本でヒットした。

イタリア式喜劇の最も代表的な監督は、一九一五年生まれのマリオ・モニチェッリである。彼もコメンチーニと同じくトトと組んだ『トトの家探し』（一九四九年、未）をステーノと共同監督してデビューし、小心者の会社員をアルベルト・ソルディが演じた『現代の英雄』（一九五五年、未）が評価された。トト、ヴィットリオ・ガズマン、マルチェッロ・マストロヤンニなどが組むさえない強盗たちの集団をコミカルに描く『いつもの見知らぬ男たち』（一九五八年）は、映画評論家エンリコ・ジャコヴェッリによると最初の「イタリア式喜劇」である。*3

『戦争　はだかの兵隊』（一九五九年）は、ソルディとガズマンを主演に第一次世界大戦中にちゃっかりと生きるイタリア兵たちをユーモアたっぷりに描きつつも、戦争の非情さをシニカルに見せた。ヴェネツィアで『ロベレ将軍』と共に金獅子賞を得て本国で大ヒットするが、日本では評価されなかった。彼は『明日に生きる』（一九六三年）では、マストロヤンニ主演で一九世紀末のトリノで起きたイタリア最初の労働争議を描く。何百人という労働者集団を喜劇も交えながらシリアスに描いたこの社会派映画は、イタリア式喜劇の名手のもう一つの顔を見せ、一九六五年「キネマ旬報ベスト・テン」二位となった。

そのほかイタリア式喜劇の代表的な監督として一九一六年生まれのディーノ・リージがいる。コメンチーニの『パンと恋と夢』シリーズの三作目として作られたリージ監督『殿方ごろし』（一九五五年、原題は『パンと恋と…』）は、デ・シーカ演じる退役軍人がソフィア・ローレン演じる女に夢中になる喜劇。『貧しいが美しい男たち』（一九五六年）からマウリツィオ・アレーナとレナート・サルヴァトーリが、女性を誘惑することだけを考えるおかしな二人組を演じる「貧しい」シリーズが始まってリージは喜劇監督として認められる。続く『美しいが貧しい女たち』（一九五七年）、『貧しい富豪たち』（一九五八年）の三本は日本では未公開となった。『困難な人生』（一九六一年、未）は、アルベルト・ソルディがレジスタンスの体験を忘れきれずに世渡りに失敗する男を演じる。戦後の消費社会を何とか生き延びようとする男としてソルディは抜群である。

リージ監督でガズマンとフランス人のジャン＝ルイ・トランティニャン主演による『追い越し野郎』（一九六二年）は、偶然に出会った二人がスポーツカーに乗って行き当たりばったりで進むロードムービーで、大ヒットとなった。この映画でトランティニャン演じるロベルトは最後に命を落とすし、『戦争　はだかの兵隊』の主人公二人も最後に殺され、『みんな家に帰れ』は主人公のアルベルト・ソルディと行動を共にする部下三人は殺される。デ・シーカの『黄金の五分間』（一九六三年、未）でソルディ演じる主人公は贅沢な暮らしで金がなくなり、最後に金持ちに片目を売る。イタリア式喜劇は実は暗い結末が多い。

一九一九年生まれのアントニオ・ピエトランジェリは「チネマ」誌出身でヴィスコンティの『郵便配達は二度ベルを鳴らす』などのネオレアリズモ作品の脚本に参加したが、監督作品は喜劇が多い。『気ままな情事』（一九六四年）はクラウディア・カルディナーレ、『彼女のことはよく知っていた』（一九六五年、未）はステファニア・サンドレッリが主演で、都会の一見華やかな世界を生き抜く女を「イタリア式喜劇」に近いタッチで描いた作品である。ただし後者は最後にサンドレッリ演じるアドリアーナが自殺する結末で、戦後のイタリア社会の激しい変化と虚《むな》しさに迫る。

同じようにロッセリーニの『ドイツ零年』やデ・サンティスの『にがい米』などのネオレアリズモ作品の脚本に参加した一九二二年生まれのカルロ・リッツァーニは、ナチスと戦うパルチザンを描く『パルチザンに注意せよ！』（一九五一年、未）で長編デビューし、同じ戦時下を描く『汚れた英雄』（一九六〇年、未）や『ローマの黄金』（一九六一年、未）などで注目を集めた。『すっぱい人生』（一九六四年、未）はウーゴ・トニャッツィ演じるインテリがミラノの広告業界で活躍するさまを皮肉たっぷりに描いたイタリア式喜劇である。この監督は後にイタリア式西部劇でも活躍する。

これまで紹介した監督より下の世代だが、ディーノ・リージの『追い越し野郎』や『怪物たち』（一九六三年）の脚本に参加した一九三一年生まれのエットレ・スコーラは、この二本に主演したヴィットリオ・ガズマンが九つのエピソードで異なる主人公を演じるオムニバス喜劇『もしお許し願えれば女について話しましょう』（一九六四年）で長編デビューし、その伝統を引き継ぐ。しかしその後の六〇年代の作品は日本では公開されなかった。

スコーラより少し上の一九二八年生まれのマルコ・フェレーリはスペインで活躍した後、イタリアでは『女王蜂』（一九六三年）や『猿女』（一九六四年、未）で有名になった。どちらも劇中全編にわたって話し続けるウーゴ・トニャッツィが主演のためにイタリア式喜劇を思わせるが、この監督にはグロテスクな表現へ向かう傾向があり、『猿女』では全身体毛で覆われたマリア（アニー・ジラルド）を見世物にする興行師を、トニャッツィが演じた。

イタリア式喜劇とは結局のところ、戦後の荒廃から立ち直り経済成長を迎えたイタリアの資本主義に順応できない男たちをコミカルに描いた映画ではないか。だからそこには過去を引きずる苦渋があり、悲劇もある。イタリア式喜劇にはデ・シーカの『昨日・今日・明日』やリージの『怪物たち』のようにオムニバス映画が多い。たぶんこれも一九六〇年代のイタリアの多様な苦しい現実の断片を切り取って見せるためだろう。その意味でイタリア式喜劇はネオレアリズモの延長線上にあると言えよう。

（七）ネオレアリズモ以降の新世代

次の世代となる一九二六年生まれのヴァレリオ・ズルリーニと二二年生まれのマウロ・ボロニーニは、恋愛を中心としたメロドラマを得意とした。ズルリーニは短編ドキュメンタリーを数本手がけた後、一九五四年の『サン・フレディアーノの娘たち』（未）で長編デビューした。『激しい季節』（一九五九年）は第二次世界大戦末期のイタリアの高級リゾート地を舞台に、戦争未亡人（エレオノーラ・ロッシ・ドラゴ）と年下の男（ジャン＝ルイ・トランティニャン）の熱烈な恋を描いた。戦時中という設定だが主軸はあくまで恋愛にあり、この時代のブルジョアの恋愛を見せることがタブーでなくなったことを示した。

『鞄《かばん》を持った女』（一九六一年）も年上の女への愛の話だが、貧しいバンドの歌手の女（クラウディア・カルディナーレ）に出会った金持ちの一六歳の息子（ジャック・ペラン）が彼女と恋に落ちる話である。共にフランスとの合作でフランスの俳優が主役をつとめており、繊細な感情表現にたけた才能を見せた。

『家族日誌』（一九六二年）は、イタリア映画には珍しく兄弟愛を描く。戦後にジャーナリストになった男（マルチェッロ・マストロヤンニ）が、幼い頃から別々に暮らした微妙な関係の弟（ジャック・ペラン）の死を知って生前を思い出す構成で、マストロヤンニの悲痛なナレーションが響く。ヴェネツィアで金獅子賞を取り、一九六四年の「キネマ旬報ベスト・テン」六位。『国境は燃えている』（一九六五年）は、ドイツ・イタリア占領下のギリシャで一二名のギリシャ人慰安婦をイタリア人将校がトラックで運ぶ物語で、これも慰安婦たちと将校との心の交流を描いた。イタリア映画で外国人の慰安婦という設定は極めて興味深い。

ボロニーニはルイジ・ザンパの助監督を数本つとめた後にフランスでジャン・ドラノワやイヴ・アレグレの助監督につき、一九五三年に芸人たちを扱った『ガッレリアで会おう』（未）でデビューした。日本ではパゾリーニの小説を映画化した『狂った夜』（一九五九年）のほか、『汚れなき抱擁』、『狂った情事』（共に一九六〇年）などの小説の映画化作品が公開された。『汚れなき抱擁』は、保守的なシチリアを舞台に、本当に愛した女とは肉体関係が結べない男の悲喜劇をマルチェッロ・マストロヤンニが演じた。彼と結婚するが肉体関係がない妻を演じるのはクラウディア・カルディナーレである。

一九二六年生まれのフロレスターノ・ヴァンチーニはソルダーティの『河の女』（一九五四年）の脚本に参加し、ズルリーニの『激しい季節』の助監督をつとめた後に、一九六〇年に『残酷な夜』（原題は『四三年の長い夜』）で長編デビューした。これは一九四三年のファシストとレジスタンス派に二分された社会における恋愛を後日談も含めて冷ややかに語るもので、六〇年のヴェネツィアで新人賞を得た。この監督はその後も極限状況におけるドラマを追求しながら、西部劇を含むさまざまなジャンルを手がける。日本で公開された作品に『恋のなぎさ』（一九六四年）や『欲情の島』（一九六九年）などがある。

(八) イタリア映画で活躍するアメリカ人俳優とミス・イタリア

序章でも触れたが、戦後のイタリア映画の特色の一つとしてアメリカやフランスの俳優が多数出演していることが挙げられる。アラン・ドロンやジャン＝ルイ・トランティニャンのようなフランスの俳優が出ているのは当時増えたイタリア・フランスの合作であるからで、ヴィットリオ・デ・シーカの『終着駅』で、主役二人がアメリカ人ジェニファー・ジョーンズとモンゴメリー・クリフトなのは、イタリア・アメリカの合作でハリウッドの大プロデューサー、デヴィッド・O・ゼルズニックが製作しているからである。また『ストロンボリ』などのロッセリーニの映画にイングリッド・バーグマンが出ているのは例外で、彼女が自分の意志でロッセリーニの映画に出るためにイタリアに来たためである。

しかしイタリア単独の製作でも、アメリカの俳優が多数出ている。初期フェリーニの代表作『道』の主役は、監督の妻ジュリエッタ・マシーナとアメリカの俳優アンソニー・クインである。ヴィスコンティの『夏の嵐』には、主演のアリダ・ヴァッリが恋するオーストリア軍人役でファーリー・グレンジャーが出ている。その後の『山猫』も主人公のシチリア貴族を演じるのはバート・ランカスターだ。カメリーニの『ユリシーズ』はカーク・ダグラスとシルヴァーナ・マンガノ主演で、アンソニー・クインも重要な役で出ている。

なぜこんなことが起きたのか。一番考えられるのはアメリカの俳優を出すことで、海外での上映を容易にするためだろう。実際、当時のイタリア映画はアメリカ映画の次に世界で見られていた。もう一つは、ハリウッド自体が経費の安い海外で撮影を行ったためで、イタリアでは『クォ・ヴァディス』（マーヴィン・ルロイ監督、一九五〇年）、『ベン・ハー』（ウィリアム・ワイラー監督、一九五九年）など歴史大作が撮影された。当然ながらハリウッドのプロデューサーとイタリアの映画人たちとの交流もあっただろう。いわゆる「ランナウェイ・プロダクション」(海外ロケのハリウッド映画)で、日本でも何本も撮られたが、日本映画にはハリウッドの俳優が出ることはほとんどなかった。イタリア映画におけるアメリカ人俳優の起用は、前述の歴史大作にもイタリア式喜劇にも見られる。

『道』と『ユリシーズ』を製作したのは、ディーノ・デ・ラウレンティスとカルロ・ポンティという戦後イタリアを代表する二大プロデューサーである。彼らはよく組んでイタリア映画の名作を製作しているが、二人の共通点は、アメリカとの強いネットワークを持っていることと同時に、有名なイタリア女優と結婚していることだ。デ・ラウレンティスは、ジュゼッペ・デ・サンティス監督の『にがい米』を製作し、その直後に主演のシルヴァーナ・マンガノと結婚している。

カルロ・ポンティはソフィア・ローレンと結婚しているが、そのソフィア・ローレンと出会ったのが、ポンティが一九五一年に「ミス・イタリア」の審査員をやった時である。それからポンティは端役を彼女に与え、後に主演で『河の女』、『ふたりの女』、『昨日・今日・明日』を作る。「ミス・イタリア」と言えば、シルヴァーナ・マンガノも四六年に「ミス・ローマ」となり、「ミス・イタリア」に応募している。その時に「ミス・イタリア」となったのがルチア・ボゼーで、同じ年にジーナ・ロロブリージダも参加していた。デ・ラウレンティスもポンティも一九六〇年代後半からアメリカに活動拠点を移す。

次の世代ではチュニジアで「ミス・イタリア」となったクラウディア・カルディナーレも後に彼女の作品を製作するフランコ・クリスタルディと結婚している。戦後のイタリア映画はネオレアリズモで知られるが、一方でアメリカ好き、グラマー美女好きのプロデューサーが大活躍をしていた。

男優では、まずトトを挙げておきたい。日本では公開作品は多くないが、一九二〇年代から舞台のショーで活躍し、一〇〇本近くの映画に出演したイタリアで最も有名なコメディアンである。一九三七年から映画に出ており、戦後は特にマリオ・マットーリ監督と組んで『二人の孤児』（一九四七年、未）以降、『トトのイタリア自転車レース』（一九四八年、V）など一九六一年までにこの監督の作品一六本に出演している。喜劇の監督として活躍するモニチェッリは彼の出演作でデビューし、コメンチーニにも『カプリの皇帝』（一九四九年）がある。バスター・キートンに似た風貌で、シュールでアナーキーなギャグで暴れ回るトトは、ネオレアリズモ期のもう一つのイタリア映画である。

イタリア式喜劇では、アルベルト・ソルディ、ヴィットリオ・ガズマン、ウーゴ・トニャッツィ、ニーノ・マンフレディの四人が代表的存在だ。これにフェリーニ映画の常連のマルチェッロ・マストロヤンニも加わった。このジャンルは男優が中心だが、女優ではクラウディア・カルディナーレやステファニア・サンドレッリが印象に残る。

イタリア映画は一九五〇年代から六〇年代にかけて、女優ではソフィア・ローレン、シルヴァーナ・マンガノ、クラウディア・カルディナーレ、男優ではマルチェッロ・マストロヤンニ、トト、アルベルト・ソルディなどの名優を輩出したが、同時にフランスからジャン＝ルイ・トランティニャン、アメリカからアンソニー・クインやカーク・ダグラスなどの有名な俳優たちも招いた。ネオレアリズモ後の豪華絢爛なイタリア映画は、これらの俳優を起用したプロデューサーたちによって作られた。

第五章　若手監督たちの登場

(一) ヌーヴェル・ヴァーグ時代のイタリア若手監督たち

フランスでは一九五〇年代末から撮影所での助監督経験のない若い監督たちが『大人は判《わか》ってくれない』(フランソワ・トリュフォー監督、一九五九年)や『勝手にしやがれ』(ジャン＝リュック・ゴダール監督、一九六〇年)などを世に出し、「ヌーヴェル・ヴァーグ」が生まれた。この流れは日本やブラジルなど世界各地に波及したが、イタリアでは同時期にそのような動きはなかった。なぜならすでにトップに登りつめた巨匠たちが大活躍していたからだ。

一九五九年のヴェネツィアではロッセリーニの『ロベレ将軍』とモニチェッリの『戦争　はだかの兵隊』が金獅子賞を、翌年のカンヌではフェリーニの『甘い生活』がパルム・ドール、アントニオーニの『情事』が審査員賞、ヴェネツィアではヴィスコンティの『若者のすべて』

が審査員特別賞を得て、世界各地で公開された。イタリア国内でも『甘い生活』が興行で一九五九—六〇年のトップになったほか、『若者のすべて』や『戦争　はだかの兵隊』も大ヒットし、『情事』や『ロベレ将軍』も上位に入った。

フランスのヌーヴェル・ヴァーグの監督たちは一九三〇年前後の生まれだが、イタリアでは五〇年代後半から六〇年代にかけてようやく一九二〇年代生まれの監督たちが新人として現れた。

一九二二年生まれのフランチェスコ・ロージは、ヴィスコンティの『揺れる大地』（一九四八年）の助監督をつとめ、ヴィスコンティの『ベリッシマ』（一九五一年）などの脚本に参加したのち、一九五八年の『挑戦』で監督デビューを果たした。『挑戦』は、商売のためにナポリの秘密組織カモッラと戦って敗れる青年を、すべてロケで方言を使って演じさせた。ロージの新しさは、ネオレアリズモが得意とした戦争による荒廃や貧困ではなく、イタリア社会に内在する政治的・社会的問題にメスを入れた点にあった。次の『メリヤス売り』（一九五九年、未）ではドイツのハノーバーを舞台にイタリア人の怪しげな繊維商人たちをいささかコミカルに描いた。

『シシリーの黒い霧』（一九六二年、原題は『サルヴァトーレ・ジュリアーノ』）は、シチリアの戦後の五年間をドキュメンタリー・タッチで描いたもので、『揺れる大地』を彷彿《ほうふつ》とさせる迫真性を見せる。主人公ジュリアーノをボスとする匪賊《ひぞく》たち、マフィア、警察、憲兵、住民の奇妙な共犯関係を描いた点で、その後のイタリア内外のマフィア映画の原点というべき作品である。ジュリアーノの死から始まって、五年間を遡りながら真相をさぐる構成は『市民ケーン』を思わせ、新たなネオレアリズモ世代の誕生を告げた。

次の『都会を動かす手』（一九六三年、未）は、ナポリ市の都市開発をめぐる疑惑を描いた政治もので、これもネオレアリズモの新たな主題である。主人公の建設業界出身の市の助役にアメリカの俳優ロッド・スタイガーを起用しているが、反対する左派の議員役を実際の共産党の国会議員が演じ、新聞記者や抗議するナポリの住民も実際の人物が登場する。工事による事故や市議会の審議などがドキュメンタリー・タッチで撮影されており、最後まで画面から目が離せない傑作である。一九六三年、ヴェネツィアで金獅子賞を得たが、日本では映画祭のみの上映。

『真実の瞬間』（一九六五年）はスペインとの合作で、若き闘牛士（本物の闘牛士が演じた）の成功と没落を描き、『イタリア式奇蹟』（一九六七年）は、ソフィア・ローレン演じる貧しい娘が王子（オマール・シャリフ）と結婚するロマンスである。ロージのリアリズムは七〇年代に再び蘇《よみがえ》る。

一九二二年生まれのカルロ・リッツァーニは二〇歳の頃から「チネマ」誌で活躍し、ロッセリーニの『ドイツ零年』やデ・サンティスの『にがい米』の脚本に参加したネオレアリズモ直系の最年少だった。第二次世界大戦下のパルチザンを描く『パルチザンに注意せよ！』（一九五一年、未）でデビューし、レジスタンス運動を描く映画を数本作った。日本でも公開されたその頃の代表作『汚れた英雄』（一九六〇年）はフランスのジェラール・ブラン演じるパルチザンの闘士が、戦後に悪党になってゆく過程を描き、ロージの『シシリーの黒い霧』を思わせる。翌年に監督デビューするピエル・パオロ・パゾリーニも脇役でパルチザンを演じ、戦後にファシストの家を奪って住む。ロージに比べて娯楽的な要素が強いこともあり、リッツァーニはその後マカロニ・ウエスタンやサスペンスものなど商業作品に傾いてゆく。

同じく二二年生まれのダミアーノ・ダミアーニはドキュメンタリー監督や脚本家として活躍後、初長編『くち紅』（一九六〇年）でデビューした。これは一三歳の娘をめぐる犯罪ものだが、ダミアーニは恋愛、犯罪、マフィア、西部劇などさまざまなテーマを器用に娯楽作品に仕立てた。アルベルト・モラヴィアの小説『倦怠』が原作でフランスのカトリーヌ・スパークを主演にアメリカの女優ベティ・デイヴィスを配した『禁じられた抱擁』（一九六三年）は、モラヴィアの不条理の世界にカトリーヌ・スパークの魅力が巧みに入り込んでいる。その後ダミアーニは社会派の映画に本領を発揮し、代表作『警視の告白』（一九七一年）はシチリアのマフィアが裏で政界や警察とつながっている構造を暴き出しており、ロージの映画に近づいている。

一九一九年生まれのジッロ・ポンテコルヴォは戦時中にパルチザンとして活動した後にドキュメンタリーを数本撮り、五七年にアリダ・ヴァッリとイヴ・モンタン主演でアドリア海の島で生きる漁師たちを描く『青い大きな海』を初監督した。六〇年の『ゼロ地帯』はナチスの強制収容所で生き抜く若いユダヤ人女性を描きアカデミー賞の外国語映画賞にノミネートされるが、フランスの監督ジャック・リヴェットがエマニュエル・リヴァの演じる自殺シーンを強く批判したことでも話題になった。彼が一挙に脚光を浴びるのはアルジェリア戦争を扱った『アルジェの戦い』（一九六六年）である。五四年から六二年までのアルジェリア人のフランスからの独立運動をドキュメンタリー・タッチで克明に描いたこの作品は、ヴェネツィアで金獅子賞を取り、日本でも六七年に公開されてその年の「キネマ旬報ベスト・テン」一位となった。ほとんど素人を使い、フランス人はフランス語、アルジェリア人はフランス語とアラビア語を使い分ける言語への鋭敏な感覚はロッセリーニを思わせる。その後はマーロン・ブランドを起用してカリブ海の島を舞台にした植民地独立運動を描く『ケマダの戦い』（一九七〇年）が日本で公開された。『オグロ作戦』（一九七九年、未）は、ジャン・マリア・ヴォロンテを主演に、一九七三年に起きたバスク地方独立派による首相殺害事件を映画化したもので、その迫力は『アルジェの戦い』を思わせる。

同じようにネオレアリズモ直系の監督としてフランチェスコ・マゼッリがいる。例外的に一九三〇年生まれで、アントニオーニの助監督を経て、戦争末期の金持ちの息子と避難民の娘の恋愛を繊細に描く『逃亡者』（一九五五年、未）で二五歳でデビューした。フランスと違い、イタリアでは当時二〇代での長編デビューは珍しく、「恐るべき子供」と期待された。日本では『太陽の誘惑』（一九六〇年）が公開された。フェリーニの『青春群像』に似て、クラウディア・カルディナーレを主演に地方のブルジョア子息たちの閉塞感を巧みに見せた。その奥に資本主義の支配を見せたところが社会派らしい。

(二) パゾリーニが生み出した自由な語り

ロージと同じ一九二二年生まれのピエル・パオロ・パゾリーニは、映画監督になる前に一〇冊以上の詩集と二冊の小説を出した文学者だった。五四年にソルダーティの『河の女』、五七年にフェリーニの『カビリアの夜』などの共同脚本に参加したが、彼の映画はそれまでの映画手法にこだわらないうえ、そのスタイルやテーマを何度も変えた。最初の監督作『アッカトーネ』（一九六一年）と『マンマ・ローマ』（一九六二年）は、これまで描かれたことのなかったローマ郊外のスラム街を舞台に、そこに住む若者たちの俗語を使って見せた点で新しい。

パゾリーニは戦後、中学校で教鞭《きょうべん》を執っていたが、同性愛で告発され、教職停止、共産党除名となって、五〇年にイタリア北東部のカザルサからローマ郊外の貧民地区に移り住んだ。この二本はそこでの生活を描いたもので、『アッカトーネ』は娼婦のヒモを演じたフランコ・チッティをはじめとして出演するのは素人ばかり。彼らを固定ショットで捉え、そこにバッハの「マタイ受難曲」が流れると、宗教的な雰囲気が漂う。岡田温司は「簡素な建物と人物からなる単純だが力強い正面観の構図もまた、ジョットの絵画にインスピレーション源があるように見える」[*1]と書く。もちろん後に『デカメロン』（一九七一年）において、パゾリーニ本人が画家ジョットの高弟を演じていることを踏まえての指摘である。『マンマ・ローマ』はアンナ・マニャーニが娼婦からまともな母親になろうともがくさまを演じたが、映画全体のトーンに比べて有名俳優の彼女の存在が少し異質に見えた。この作品にも出るフランコ・チッティの兄、セルジオ・チッティはこの二本の作品のセリフに協力した。

次の『奇跡の丘』（一九六四年）は、新約聖書の「マタイによる福音書」の映画化である。それまでのキリストの伝記映画とは大きく異なり、素人だけを使って荒野を彷徨うキリストと弟子たちを南イタリアのロケで描き、無駄を削《そ》ぎ落した精神性を見せた。老いた聖母マリアを演じたのはパゾリーニの実母スザンナだった。この作品は、ヴェネツィアで審査員特別賞のほか国際カトリック映画事務局賞も得て、一九六六年「キネマ旬報ベスト・テン」で四位となった。

この映画のロケハンでイタリア全土を回ったことがきっかけになり、同じ年にはイタリア各地で「セックス」をめぐる質問を繰り返すドキュメンタリー『愛の集会』も作った。ブルジョアや労働者や農民などあらゆる階級の人々にパゾリーニ自身が嬉々《きき》としてマイクを向ける姿が印象的で、作家アルベルト・モラヴィアは映画の中でこの作品を「フランスのシネマ・ヴェリテのイタリアにおける実践だ」と語る。『大きな鳥と小さな鳥』[*2]（一九六六年）は喜劇役者トトとこの映画以降パゾリーニ映画の常連となるニネット・ダヴォリが親子を演じ、鳥たちと会話をしながら珍道中を繰り広げる。コミカルでシュールな中にも宗教的な雰囲気が漂う不思議な作品となった。

『アポロンの地獄』（一九六七年）と『王女メディア』（一九六九年）はギリシャ神話を題材にしたが、どちらも時代考証にこだわらず自由に衣装や音楽を使っており、両方に日本の伝統音楽が出てくる。ロケも前者はイタリア国内とモロッコ、後者は国内とトルコ、シリアである。またどちらの作品もストーリーを追うのは容易ではないが、出てくる人々の表情や衣装が実に魅力的である。『アポロンの地獄』はオイディプスの母をシルヴァーナ・マンガノが演じて一九六九年の「キネマ旬報ベスト・テン」で一位に。『王女メディア』は主演のメディアをオペラ歌手のマリア・カラスが演じ、共に強烈な存在感を見せた。

この二本の間に作ったのが『テオレマ』（一九六八年）と『豚小屋』（一九六九年）で、どちらも現代の資本主義社会を皮肉たっぷりに描いた。『テオレマ』はミラノの工場経営者一家の邸宅を舞台にテレンス・スタンプ演じる「訪問者」に、夫、妻（シルヴァーナ・マンガノ）、息子、娘（アンナ・ヴィアゼムスキー）、メイドが次々に魅了されて性的関係を結んでゆく。そして「訪問者」が去る頃には、金持ちたちは自分を見失ってしまう。ラウラ・ベッティ演じるメイドだけが田舎の実家に帰り聖女となってゆくのは、監督が田舎の力を信じているからだろう。

『豚小屋』は荒野を放浪して人肉を食ってしまう男とブルジョアの息子（フランスのジャン＝ピエール・レオー）が豚との性交に喜びを見出す話を交互に見せる。スキャンダラスな内容だが、病んだ現代の一種の寓話《ぐうわ》である。西洋近代の資本主義社会に背を向け、宗教、田舎、地方、辺境、エロスといった地点を目指して自由な語りを展開したパゾリーニの映画は、イタリアのみならず世界映画史の中でも屹立《きつりつ》している。

(三) イタリアのヌーヴェル・ヴァーグ

フランスのヌーヴェル・ヴァーグのような即興演出、ロケ撮影、素人の起用、映画愛の表出といった傾向がイタリアで現れるのは、おおむね一九三〇年から四〇年頃に生まれたエルマンノ・オルミ、タヴィアーニ兄弟、マルコ・ベロッキオ、ベルナルド・ベルトルッチらが一九六〇年代に長編を発表してからである。

一九五〇年代にドキュメンタリーで活躍していたヴィットリオ・デ・セータ、エルマンノ・オルミ、パオロとヴィットリオのタヴィアーニ兄弟は、一九六〇年前後に劇映画を作り始めた。一九二三年生まれで年長のヴィットリオ・デ・セータ(デ・シーカと名前が似ているものの無関係!)は南イタリアでドキュメンタリーの短編を一〇本撮った後に代表作の劇映画『オルゴソロの盗賊』(一九六一年、未)を作った。サルデーニャ島のオルゴソロで、警官を殺した盗賊と間違われた若い羊飼いの悲劇を淡々と描いた作品だが、本物の羊飼いたちをドキュメンタリーのように撮影し、ヴェネツィアのコンペに出品されてネオレアリズモを継承すると評価された。映画の大半は主人公ミケーレが弟と羊たちを連れてサルデーニャの岩山を放浪するシーンだが、悲惨な生活の克明な描写と過酷な自然や羊たちの群れが生み出す精神性の高みは、おそらくヴィスコンティの『揺れる大地』やオルミの『木靴の樹』（一九七八年）に匹敵するのではないか。デ・セータはその後もドキュメンタリーと劇映画を数本残している。『ある教師の日記』（一九七三年、未）はローマ郊外の荒れた小学校で奮闘する教師を描いたセミ・ドキュメンタリーで、国営放送で四回にわたって放映された二七〇分を、劇場用に一三五分に編集した。

一九三一年生まれのエルマンノ・オルミは短編PR映画を四〇本ほど作った後に『時は止まりぬ』（一九五九年、未）で長編デビューした。これは冬のダムの管理事務所で働く中年と若い学生をドキュメンタリー風に追ったもので、随所にユーモアと詩情が込められている。次の『就職』（一九六一年、未）はミラノ郊外に住む青年がミラノの大企業の入社試験を受けて働き出す様子を描いたもので、若者の希望と絶望が素朴で繊細なカットの連なりに凝縮されている。『婚約者たち』（一九六三年、未）はその続編のような内容で、ミラノからシチリアに転勤になった青年とミラノに残る婚約者とのやり取りを描く。手紙や回想、想像された光景などを盛り込んだ斬新な語りが印象的だ。

一九二九年生まれのヴィットリオと三一年生まれのパオロのタヴィアーニ兄弟は、一九五四年以降ドキュメンタリー映画を数本作った後に、一九六二年にヴァレンティーノ・オルシーニと共同で劇映画『火刑台の男』（未）を監督した。『危険分子たち』（一九六七年、未）が兄弟のみの初監督作である。これは六四年のイタリア共産党の指導者トリアッティの葬儀に参加する四人の三〇代から四〇代の男たちをスケッチ風に交互に描く。共産主義の幻想からさめて人生に迷うインテリたちを描いた点で、イタリアを超えて六〇年代後半の世界に共通する精神世界を扱っている。

一九三九年生まれのマルコ・ベロッキオは、一九六五年の最初の長編『ポケットの中の握り拳』で崩壊するブルジョア家族を描いた。既存の社会に対するやり切れない思いを主人公役のルー・カステルに託し、目の見えない母や知的障がいのある弟を平気で殺してしまう異常な姿を見せた。この作品は頼るべき権威が存在しない新しい世代の姿を示した。アドリアーノ・アプラは「『ポケットの中の握り拳』は、ヴィスコンティ監督『郵便配達は二度ベルを鳴らす』と比肩する、イタリア映画史上最良の処女作である」[*3]とする。

さらに『中国は近い』(一九六七年、未)では、ブルジョア家庭で毛沢東を崇拝する一七歳の少年と大学教授で中道左派からの立候補を目指す兄、若い愛人たちと遊んで優雅に暮らす姉の家庭を描く。ここでも頼るべき者はおらず、あらゆる道徳が崩壊しており、少年は兄の選挙活動を妨害する。『ポケットの中の握り拳』ではある家族の精神異常が中心になっていたのが、この映画では社会全体の異常さを際立たせる。

一九四一年生まれのベルナルド・ベルトルッチは、詩人の父親がパゾリーニと親交があったために六一年にパゾリーニの『アッカトーネ』で助監督をつとめ、翌年、わずか二一歳で初長編『殺し』を監督した。これはパゾリーニの原案でローマ郊外で起きた娼婦殺人事件をめぐり不良少年たちを追ったいかにもパゾリーニ的なテーマだったが、ベルトルッチは黒澤明の『羅生門』のように誰が正しいのかわからない構成で組み立て、手持ちカメラを自由に動かして、映画好きがうかがわれる作品に仕上げた。

次の『革命前夜』（一九六四年）は自伝的内容で、ベルトルッチの故郷のパルマを舞台にマルクス主義に染まったブルジョアの青年が、叔母《おば》との恋愛や友人の死などを経て大人になってゆく過程を描く。あちこちに映画的な引用をちりばめたこの作品には、フランスのヌーヴェル・ヴァーグの影響が強く感じられる。ベロッキオの『ポケットの中の握り拳』と共に、一九六八年の世界的な学生運動を予見した作品と言えるかもしれない。

しかしデ・セータ、オルミ、タヴィアーニ兄弟、ベロッキオ、ベルトルッチらの六〇年代の革新的な作品は、日本で同時代には公開されなかった。『ポケットの中の握り拳』、『殺し』、『革命前夜』が一九八〇年代に公開されたほかは、映画祭などでの上映のみであった。

(四) マカロニ・ウエスタンの誕生

ここまで見てきたように、一九六〇年代はヴィスコンティやアントニオーニ、フェリーニらの巨匠が全盛期を迎え、ロージやパゾリーニ、オルミ、ベロッキオ、ベルトルッチなどが新しい映像を生み出していた。その一方で、西部劇、ホラー、残酷もの、エロチックものなどのジャンル映画が始まったのも同じ時代である。なお西部劇やホラーは作品数が多くかつ日本でも膨大な数のDVDが出ているが、この本でその全容を描くことは難しいため、主要な作品のみにとどめたい。

マカロニ・ウエスタンは、もともとアメリカの西部劇をイタリアに移し替えたものである。アメリカでサイレント時代から数多く作られてきた西部劇は、アメリカの西部開拓時代を舞台にし、基本的には保安官や助っ人などが敵（多くは「インディアン」と呼ばれていたネイティブ・アメリカン）を撃退する勧善懲悪的な内容が多かった。一九五〇年代からアメリカでもそのような西部劇が衰退し、保安官などの善人がおらず流れ者やアウトローたちによる銃撃戦の残酷な描写を売り物にする西部劇がスペインやドイツやイタリアで現れた。これがサイレント期から「史劇」の伝統があり、戦後も『ヘラクレス』（一九五七年）など歴史大作を作ってきたイタリアに定着し、イタリア式西部劇（イタリア以外では主に「スパゲッティ・ウエスタン」、日本では「マカロニ・ウエスタン」）と呼ばれた。

イタリア式西部劇が日本を含めて世界的に流行したのは、一九二九年生まれのセルジオ・レオーネ監督の『荒野の用心棒』（一九六四年）からである。レオーネは五〇年代後半から『ポンペイ最後の日』（一九五九年）など歴史大作を監督していた。『荒野の用心棒』の前にも五〇年代後半からイタリア、スペイン、ドイツでは西部劇が作られており、『荒野の用心棒』はイタリア・ドイツ・スペインの合作だ。

アメリカのクリント・イーストウッドを主人公に、イタリアのジャン・マリア・ヴォロンテやドイツのマリアンネ・コッホなど多国籍の俳優が出演し、スペインで撮影された。基本的には黒澤明の『用心棒』（一九六一年）を下敷きに（後に盗作の裁判が起きた）、流れ者の男が町を支配する二つの勢力を一掃するストーリーである。何十人もが殺されるが、イーストウッド演じる流れ者は絶対的に強く、エンニオ・モリコーネの音楽が高らかに鳴り響く。

イタリアのスタッフやキャストの一部は当初はアメリカ風の変名を使っており、レオーネはボブ・ロバートソン、ジャン・マリア・ヴォロンテはジョニー・ウェルズと名乗った。これはアメリカ映画と思わせるためで、その後のイタリア式西部劇の一部で続き、ホラー映画にも踏

『続・夕陽のガンマン』（1966年）　写真提供：Everett Collection／アフロ

襲された。ちょうどイタリアで撮影されたハリウッドの歴史大作『ソドムとゴモラ』（ロバート・アルドリッチ監督、一九六二年）や『クレオパトラ』（ジョゼフ・L・マンキーウィッツ監督、一九六三年）などが立て続けに不振に終わり、イタリア式西部劇がその穴を埋める形で量産が始まった。

レオーネはイーストウッドを主人公に『夕陽のガンマン』（一九六五年）、『続・夕陽のガンマン』（一九六六年）を作ったが、『荒野の用心棒』の原題が『一握りのドルのために』、『夕陽のガンマン』は『さらに一握りのドルのために』であったことと三本とも大ヒットしたこともあり、「ドル箱三部作」と呼ばれた。レオーネは一作ごとに娯楽性を増し、かつ見せ場にたっぷり時間をかけた。『続・夕陽のガンマン』の原題は『善玉、悪玉、卑劣漢』だが、後半の決闘シーンでは三人の主人公をクローズ・アップで長々と見せ、それぞれの見せ場でオペラのアリアのようにモリコーネのテーマ曲が流れた。

レオーネはその後ハリウッドのメジャーと合作を始める。パラマウントと組んだ『ウエスタン』（一九六八年）ではヘンリー・フォンダ、チャールズ・ブロンソンらが出演するが、セット撮影はすべてチネチッタを使い、音楽にモリコーネ、原案にダリオ・アルジェントやベルナルド・ベルトルッチが参加し、クラウディア・カルディナーレも出演するなど、イタリア映画界の人脈を使い続けた。『ウエスタン』は「ドル箱三部作」に比べて伴奏音楽の少ない静かなシーンが大半で、これまでのアメリカの西部劇へのオマージュに満ちた円熟した作品となった。イタリア式西部劇というジャンルを超えて西部劇そのものの代表作の一本である。これに続く『夕陽のギャングたち』（一九七一年）と『ワンス・アポン・ア・タイム・イン・アメリカ』（一九八四年）は、この完成度を超すことはできなかった。

イタリア式西部劇は一九七〇年代まで続き、一〇年足らずの間に五〇〇本あまりが製作された。カルロ・リッツァーニやダミアーノ・ダミアーニなどの社会派監督も含めて多くの監督が西部劇を作った。レオーネの次に重要なのは一九二七年生まれのセルジオ・コルブッチである。

コルブッチは数本の歴史大作の後に『ミネソタ無頼』（一九六四年）で西部劇の監督として名を上げる。無実の罪で長年投獄されたために目が見えなくなった男の復讐劇で、その後の彼の映画に現れる肉体的ハンディを負った男の戦いというテーマを見せている。

コルブッチ特有のスタイルを打ち立てたのは『続・荒野の用心棒』（一九六六年、原題は『ジャンゴ』でレオーネの『荒野の用心棒』とは無関係）で、ガトリング銃を入れた棺桶《かんおけ》を引きずるジャンゴ（フランコ・ネロ）が、メキシコ革命軍と旧南軍の抗争に巻き込まれる。ジャンゴがガトリング銃で何十人もの旧南軍兵士を一度に殺す場面やジャンゴが両手を潰されるシーンの残酷さは記憶に残る。『殺しが静かにやってくる』（一九六八年）は雪山を舞台に口のきけない主人公（ジャン＝ルイ・トランティニャン）と非道の殺し屋ロコ（クラウス・キンスキー）の戦いを描く。主人公は少年時代に喉を掻《か》き切られており、ロコとの戦いで両手を潰されて殺されてしまう。主人公が最後に死んでしまう西部劇は珍しい。

そのほか主要な監督として一九二六年生まれのドゥッチオ・テッサリが挙げられる。彼も歴史大作を数本監督した後、『荒野の用心棒』の脚本に参加し、ジュリアーノ・ジェンマ（当時の名前はモンゴメリー・ウッド）主演で『夕陽の用心棒』（一九六五年、未）やその続編『続・荒野の1ドル銀貨』（一九六五年）などを監督している。ジュリアーノ・ジェンマはイタリア式西部劇には珍しくハンサムで軽快なガンマンを演じている。

社会派のカルロ・リッツァーニは『殺して祈れ』（一九六七年）でアメリカ人に裏切られて皆殺しにされたメキシコ人の復讐劇を描く。メキシコ人の生き残りを演じるのがルー・カステルで、メキシコ革命軍の牧師役のピエル・パオロ・パゾリーニなどの助けを得て、復讐を果たす。同じようにルー・カステルが活躍するダミアーノ・ダミアーニ監督の『群盗　荒野を裂く』（一九六六年）も、メキシコの盗賊団が政府軍から武器を強奪して革命軍に提供するという意味で「革命」側の映画である。盗賊を率いるジャン・マリア・ヴォロンテがあくまで庶民の側に付く姿が印象に残る。同じく社会派のフロレスターノ・ヴァンチーニはスタン・バンスの名前で、ジュリアーノ・ジェンマ主演の『星空の用心棒』（一九六七年）を作った。そのほかホラー映画のマリオ・バーヴァの『アラモ要塞への道』（一九六四年、未）やルチオ・フルチの『真昼の用心棒』（一九六六年）、成人向け映画で知られるティント・ブラスの『ヤンキー』（一九六六年、未）、女性監督リーナ・ヴェルトミューレル（従来の表記はヴェルトミュラー）の『ベル・スター物語』（一九六八年、未）など、多くの監督たちがこの分野を手がけた。

クリント・イーストウッド、ジャン・マリア・ヴォロンテ、フランコ・ネロ、ジュリアーノ・ジェンマ、ルー・カステル、クラウス・キンスキーなど、イタリア式西部劇はイタリアの内外で新しいスターを作った。日本ではこれらの西部劇は七〇年代から八〇年代にかけてテレビで吹き替え版が繰り返し放映されていたし、ジュリアーノ・ジェンマは八〇年代に日本のテレビCMにも出ていた。

マカロニ・ウエスタンはある意味で、歴史大作の後にイタリア映画を世界に発信する中心的な役割を果たしたと言えるだろう。

(五) 多彩なジャンル映画――ホラー、ジャッロ、モンド映画、エロチック・コメディ

一九〇九年生まれのリッカルド・フレーダ監督は一九四二年にデビューし、ヴィットリオ・ガズマン初の主演作『神秘の騎士』(一九四八年、未)などの歴史ものを得意としていたが、一九五七年に『吸血鬼』(未)を作った。これは後に、「イタリアン・ホラー」の最初の作品と言われる。もっとも本作の「吸血鬼」は血を吸ういわゆるドラキュラではなく、ある貴族の狂った医師が美貌を誇る姪《めい》のために若い女性を次々に殺させて、その血液を輸血する「マッド・サイエンティスト」だ。多くの要素を盛り込む構成や低予算のセットは、その後のイタリアのホラー映画の基礎を作った。フレーダは『ヒッチコック博士の恐ろしい秘密』(一九六二年、未)や『死霊』(一九六三年、未)とその路線を続けた。

『吸血鬼』の脚本に参加し、撮影監督もつとめた一九一四年生まれのマリオ・バーヴァは、一九六〇年に『血ぬられた墓標』を監督し、これ以降イタリアではホラー映画が続々と作られる。『血ぬられた墓標』は一七世紀の魔女が二〇〇年後に蘇る物語で、血を吸うことで蘇る設定など、アメリカ映画の『魔人ドラキュラ』(一九三一年)からイギリスの五〇年代のハマー・フィルムの映画にいたるドラキュラものを受け継いでいる。

ジョン・M・オールドの名で監督したカラー作品『白い肌に狂う鞭《むち》』(一九六三年)ではさらに娯楽性を増し、海岸の絶壁に建つ不吉な屋敷を舞台に現実と妄想が絡み合い、SM的な要素や女性のエロチックな姿も入れ込んで現代的なホラー作品に仕立てた。ここで屋敷に帰ってきた男を演じるのはハマー・フィルムでも活躍していたクリストファー・リー。さらに『知りすぎた少女』(一九六三年)はホラーにサスペンスを加えて、ローマに着いたアメリカ人の娘を主人公に、かつての殺人事件を追いかける新聞記者を加えて「ジャッロ」と呼ばれるジャンルを打ち立てた。「ジャッロ」はアメリカのフィルム・ノワールに近く、イタリアでミステリー小説が黄色(=ジャッロ)の表紙だったことに由来する。『モデル連続殺人!』(一九六四年)も『呪いの館』(一九六六年)も「ジャッロ」系の連続殺人事件を扱い、事件を追う刑事や町長も犠牲になる『呪いの館』は日本のJホラーにも大きな影響を与えている。

『血みどろの入江』（一九七一年）は入江の権利をめぐる争いの果てに一三人が互いに殺し合う話で、後のスプラッタ映画の元祖と言われる。それも銃ではなく、ナイフや大きな刀で殺されてゆくが、殺すシーンや死んだ様子は長く見せないためにそれほど残酷な印象は与えない。この映画はアメリカ映画で人気シリーズとなる『13日の金曜日』（一九八〇年）に直接影響を与えたと言われるが、そうしたアメリカのホラーとは、雰囲気がかなり違う。登場人物の誰にも感情移入できないシニカルな演出だが、監督自身は気に入っていたという。

　フレーダとバーヴァに次ぐ存在と言われているのが、一九三〇年生まれのアントニオ・マルゲリーティ監督だ。彼はアンソニー・ドーソンという変名も使いながらＳＦ、西部劇、ホラー映画でヒット作を残している。一九六三年の『顔のない殺人鬼』と『幽霊屋敷の邪淫』はホラー映画で、『顔のない殺人鬼』は棺桶の内側に何本もの棘《とげ》を取り付けて両眼を刺し、籠に鼠《ねずみ》を入れて頭に被せて鼻や口を食べさせる、という強烈な拷問器具が出てくる。一九二四年生まれのアルマンド・クリスピーノ監督の『炎のいけにえ』（一九七四年）は、自殺者が増えるという真夏のローマを舞台に、死体置き場の検死担当の女医を追う。冒頭から陰惨な自殺シーンが相次ぐが、女医の妄想も凄《すさ》まじい。残酷さとエロチックの組み合わせ（つまり、エログロ）は、七〇年代にダリオ・アルジェントやルチオ・フルチなどに引き継がれる。

一九二七年生まれのルチオ・フルチも残酷さで注目された監督である。『泥棒たち』（一九五九年、未）で監督デビューした彼は、「ジャッロ」系のサスペンス映画や西部劇などを量産していたが、『サンゲリア』（一九七九年）によって不動の地位を築いた。本作はゾンビ映画に眼球串刺しなどの残酷シーンを加え、さらに女性のエロチックな姿も見せて観客を楽しませた。この作品と『地獄の門』（一九八〇年）、『ビヨンド』（一九八一年）は「血みどろ三部作」と呼ばれ、残酷シーンは一作ごとにエスカレートしてゆく。

一九四〇年生まれのダリオ・アルジェントはセルジオ・レオーネ監督の『ウエスタン』（一九六八年）のストーリー作りに参加し、一九七〇年に『歓《よろこ》びの毒牙』で監督デビューした。彼が世界的な人気を得た作品は、『サスペリア』（一九七七年）である。ドイツのバレエ学校を舞台に青、赤、黄の三原色を中心として展開する華麗な映像によるホラーは「決してひとりでは見ないでください」という惹句《じゃっく》で日本でも大ヒットした。ちょうどアメリカ映画『エクソシスト』（一九七三年）や『オーメン』（一九七六年）などのヒットでホラー映画は七〇年代の世界的な一大ブームであり、彼の映画もその一翼を担った。彼はその後も独自の美意識を『インフェルノ』（一九八〇年）、『フェノミナ』（一九八五年）、『スタンダール・シンドローム』（一九九六年）などのホラーで表現している。

ホラーやジャッロと並んで誕生したのが「モンド映画」である。同ジャンルは、世界各地の奇妙な風習などを集めて編集したドキュメンタリーで、グァルティエロ・ヤコペッティ監督の『世界残酷物語』（一九六二年）の原題“Mondo cane”（モンド・カーネ＝犬の世界、転じて、ひどい世の中）から来たものである。ヤコペッティ監督は『世界女族物語』（一九六三年）、『さらばアフリカ』（一九六五年）などを残している。

このような世界各地を撮ったドキュメンタリーの最初と言われるのが、アレッサンドロ・ブラゼッティ監督がパリ、ロンドン、マドリッドなどのさまざまなショーを編集して見せる『ヨーロッパの夜』（一九五九年）だ（本作ではヤコペッティがナレーションをつとめている）。この路線は「モンド映画」だけでなく、『甘い夜』（ヴィニチオ・マリヌッチ監督、一九六二年）や『セックス狂』（ロベルト・ビアンキ監督、一九六三年）のように「夜」や「セックス」を題名につけた映画を次々と生み出した。もともと海外への輸出を狙ったイタリア式西部劇やホラー映画は傑作も残したが、その一方で何とかして輸出へと結び付けようとした動きは、モンド映画のような安易なエクスプロイテーション映画（アメリカで五〇年代から現れたキワモノ映画）も生み出していった。

一九七〇年代になるとサルヴァトーレ・サンペリ監督、ラウラ・アントネッリ主演の『青い体験』（一九七三年）をきっかけに、少年の性の目覚めを描くエロチック・コメディが流行した。『青い体験』は日本でもヒットし、その後もこの監督の『続・青い体験』（一九七五年）や『スキャンダル』（一九七六年）などが公開された。イタリア式喜劇の名手ディーノ・リージ監督も一九七三年の『セッソ・マット』において、ラウラ・アントネッリとジャンカルロ・ジャンニーニに九編のエピソードで構成された艶笑喜劇を演じさせている。ジュゼッペ・パトローニ・グリッフィはシャーロット・ランプリング主演の『さらば美しき人』（一九七一年）やラウラ・アントネッリ主演の『悦楽の闇』（一九七五年）と『スキャンダル　愛の罠《わな》』（一九八五年）、でこの分野を支えた。

一九七〇年代後半から成人映画の監督として知られるティント・ブラスは一九三三年生まれで、ヴェネツィアを放浪する青年の疎外感を独白と共に描いた『働く者は堕落する』（一九六三年、未）でデビューした。ロッセリーニの『戦火のかなた』の映像が引用されるなど、翌年のベルトルッチの『革命前夜』を思わせる映画愛に満ちた作品である。次第にエロチックな路線に移り、『サロン・キティ』（一九七六年）や『カリギュラ』（一九七九年）、『鍵』（一九八三年）でその地位を固めた。その後も『背徳小説』（一九九四年）、『ティント・ブラスの白日夢』（二〇〇五年）などでエロティシズムを追求し続けている。

第六章　鉛の時代

(一) 巨匠たちの晩年と退廃

イタリアの一九六〇年代末から八〇年代初頭までは、「鉛の時代」と呼ばれる。学生運動の後に極左や極右のテロが横行した時代である。鉛の時代は、その後のイタリア映画において何度も主題として用いられた。マルコ・トゥリオ・ジョルダーナ監督は『輝ける青春』(二〇〇三年)の中盤でこの時期を描き、さらに一九六九年の銀行爆破事件を『フォンターナ広場　イタリアの陰謀』(二〇一二年)で再現し、マルコ・ベロッキオ監督は一九七八年の「赤い旅団」によるアルド・モーロ元首相誘拐暗殺事件を『夜よ、こんにちは』(二〇〇三年)で見せるなど、今日にいたるまでイタリア人の関心を引き続けている。

この混乱の時代にあって、六〇年代に代表作を残した巨匠たちは現実から目を背けるかのように、歴史や外国を扱う作品を多数製作した。ルキーノ・ヴィスコンティはドイツの文化や歴史に目を向け「ドイツ三部作」を残した。一作目の『地獄に堕ちた勇者ども』（一九六九年）は、もともとシェイクスピアの『マクベス』を現代に移して実業家一家を描こうとしたものが、ナチスが台頭する一九三〇年代ドイツに舞台を移されたものである。鉄鋼財閥の一族を描いたものだが、全編を暴力や殺人、性的倒錯が支配する世界をワーグナーの楽劇と共にドラマチックに見せて全世界でヒットした。

一九七一年の『ベニスに死す』は、ドイツのトーマス・マンの同名小説の主人公を小説家から音楽家に変えて、ダーク・ボガードが演じた。随所に流れるマーラーの「交響曲第五番」は、主人公が恋する少年のタジオを演じたビョルン・アンドレセンと共に世界的に有名になった。『ルートヴィヒ』（一九七二年）は一九世紀後半のバイエルン国王ルートヴィヒ二世の孤独な生涯を描く大作で日本では最初一八四分版が公開されたが、監督の死後、台本に忠実な二三七分版も公開された。ルートヴィヒ二世にヘルムート・バーガー、彼が愛するエリーザベトをロミー・シュナイダーが演じ、ルートヴィヒ二世が愛したワーグナーの音楽が全編に流れる。『ベニスに死す』と『ルートヴィヒ』で周囲を軽蔑しながら死んでゆく主人公を描いたヴィスコンティは、『家族の肖像』（一九七四年）でも老境の教授（バート・ランカスター）を登場させる。

この作品は「ドイツ三部作」とは異なり現代の話で、すべてを室内のセットで撮影している。一人暮らしの教授が所有するアパートの上の階を中年のブルジョア女性（シルヴァーナ・マンガノ）が借り、若い愛人（ヘルムート・バーガー）や娘も連れ込む。教授は困惑しながら、次第に新世代と仲良くなってゆく。遺作『イノセント』（一九七五年）はガブリエーレ・ダヌンツィオの原作で一九世紀末のローマの貴族たちの恋愛ドラマを描き、彼の映画としては久しぶりに濃厚な情念の発露が感じられた。日本ではヴィスコンティの死後、七八年に『家族の肖像』が公開されてから数年にわたり「ヴィスコンティ・ブーム」が巻き起こった。八一年には展覧会「ヴィスコンティとその芸術」が開催され、それに前後して未公開の『ベリッシマ』や『熊座の淡き星影』も公開された（ちなみに筆者は、二〇〇四年にヴィスコンティの全作品を上映する「ヴィスコンティ映画祭」を企画した）。

フェデリコ・フェリーニは、『サテリコン』（一九六九年）で古代ローマを舞台に退廃的な世界を絵巻物のように見せた。二人の若者がめぐる退廃的なエピソードの連続は『甘い生活』（一九六〇年）を思わせる。これは一八世紀の色事師ジャコモ・カサノヴァを描く『カサノバ』（一九七六年）にも共通しており、セットに作られた人形を含む人工的な装飾の世界で、ドナルド・サザーランド演じるカサノバの孤独だけが際立っている。

『フェリーニのローマ』(一九七二年)と『フェリーニのアマルコルド』(一九七三年)は共に娼婦、大女、サーカス、パレードといったフェリーニ的イコノロジー(図像)満載の自伝的映画である。『フェリーニのローマ』は幼い頃の思い出から戦時中の青年時代へ移り、映画を撮影中のフェリーニ自身を描く現代に飛ぶ。『フェリーニのアマルコルド』は故郷リミニでの少年時代を描く。「アマルコルド」はイタリア語で「私は思い出す」を意味するが、少年が両親や大人たちと触れ合ってゆく様子が抒情《じょじょう》的に描かれている。

『女の都』(一九八〇年)は『カサノバ』の現代版のように、マルチェッロ・マストロヤンニがプレイボーイを演じ、女たちを追いかけて迷宮のような世界を巡る。もはや時代遅れである主人公にはユーモアと余裕が感じられる。『そして船は行く』(一九八三年)は二〇世紀初頭のオペラ歌手の葬儀のための船出という設定で、いかにもセットらしい海に浮かぶ船の中の人々が歌手の思い出を語り、食事をして歌を歌ううちに第一次世界大戦が勃発し、軍艦が攻めて来て船は沈む。ノスタルジアと憂愁に満ちた作品である。

その二年後に公開された『ジンジャーとフレッド』(一九八五年)は、かつてタップダンスのアステアとロジャースを真似《まね》て活躍した二人をマルチェッロ・マストロヤンニとジュリエッタ・マシーナが演じる。この映画からのフェリーニは、いささか気の抜けた感じの作品を続ける。『インテルビスタ』（一九八七年）にはチネチッタ撮影所で撮影するフェリーニ本人が登場し、『ボイス・オブ・ムーン』（一九九〇年）では若きロベルト・ベニーニが狂言回しとなった。

ミケランジェロ・アントニオーニは『赤い砂漠』で頂点を極めた後、かなり難解な英語の作品を三本撮った。『欲望』（一九六六年）はイギリスで撮影されたが、ロンドンを舞台にカメラマンを主人公にしたサスペンス・タッチの作品となった。七〇年の『砂丘』は完全なアメリカ映画で、西海岸のヒッピーたちの姿をシュールに見せた。『さすらいの二人』（一九七五年）はジャック・ニコルソンがアフリカで他人に入れ替わるジャーナリストを演じ、彼が出会う謎の女性をマリア・シュナイダーが演じた。一九八二年の『ある女の存在証明』は久しぶりのイタリアでの撮影だったが、主人公は映画監督で現実と映画の両方で女性を追い求める姿を描いた。遺作はドイツのヴィム・ヴェンダースが共同監督として老いて病身のアントニオーニを補佐した『愛のめぐりあい』（一九九五年）。四話構成のオムニバスでマルチェッロ・マストロヤンニとジャンヌ・モローが特別出演している。

ヴィットリオ・デ・シーカはピーター・セラーズ主演の『紳士泥棒　大ゴールデン作戦』（一九六六年）以降、国際合作の大作が増えた。全七話ですべてにシャーリー・マクレーンが出る『女と女と女たち』（一九六七年）、マルチェッロ・マストロヤンニとソフィア・ローレン主演で一部を旧ソ連の構成国であったウクライナで撮影した『ひまわり』（一九七〇年）、ドミニク・サンダが鮮烈な印象を残す『悲しみの青春』（一九七〇年）などが知られるが、六〇年代半ばまでのような輝きは見られない。

一九七〇年代には、ロベルト・ロッセリーニ、ルキーノ・ヴィスコンティ、ヴィットリオ・デ・シーカという一九〇〇年代生まれの戦前からの巨匠に加えて、ピエトロ・ジェルミ（一九一四年生まれ）、ピエル・パオロ・パゾリーニ（一九二二年生まれ）がこの世を去る。そして四〇年代生まれ以降の若手監督たちが活躍を始める。七〇年代にイタリア映画は明らかに世代交代を迎えた。

（二）一九二〇年代前半生まれの多様な道

一九二二年生まれのフランチェスコ・ロージは、七〇年代から八〇年代にかけて、社会に隠された悪を追求する姿勢を続けた。『総進撃』（一九七〇年）は、第一次世界大戦でオーストリアとの戦闘を展開するイタリア軍兵士たちを描く。将軍の命令に逆らう兵士が次々と殺される場面は、当時の学生運動の内ゲバを思わせる。『黒い砂漠』（一九七二年）は、アメリカの石油メジャーに対抗していたイタリア石油公社社長、エンリコ・マッテイの一九六二年の謎の死を追う。

マッテイをジャン・マリア・ヴォロンテが演じるが、監督が調査を依頼していたジャーナリストが七〇年に謎の失踪を遂げたため、作品の後半には監督自身も登場する異例の展開となる。カンヌでグランプリ（最高賞）を受賞した代表作だが、監督は公開後何度も脅迫を受け、DVDなどはどの国でも発売されていない。

『コーザ・ノストラ』（一九七三年）は、戦前にアメリカでイタリア系犯罪組織の中心人物として投獄されたラッキー・ルチアーノ（ジャン・マリア・ヴォロンテ）が、戦後にイタリアに送還されて世界的な麻薬売買ルートを構築する過程を描く。送還も含めて背後にはアメリカやイタリアの政府の影が見え隠れする構造をあぶり出した。『ローマに散る』（一九七六年）は、イタリアの司法判事が連続して殺害される事件をリノ・ヴァンチェラ演じるロガス警部が追う姿を描いた。この映画も前作と同じく殺人には政府高官たちの陰謀があることが次第に明らかになる。最後には警部が狙われて殺されてしまうという「鉛の時代」を象徴するような力作である。

『エボリ』（一九七九年）からは、それまでの過激な社会派から文学作品をもとに人間の内面へ向かった。この作品はカルロ・レーヴィの自伝を原作に、反政府運動のために南部のエボリ郊外の小さな村に流刑になったレーヴィ（ジャン・マリア・ヴォロンテ）と村人たちとの交流を温かく見せる。『三人兄弟』（一九八一年、未）はロシアのアンドレイ・プラトーノフの短編をもとに、都会から南部のプーリア地方の農場に帰ってきた三兄弟の異なる生き方を見せる。『カルメン』（一九八四年）はスペイン・ロケでビゼーのオペラの映画化、『予告された殺人の記録』（一九八七年）はコロンビア・ロケでガルシア＝マルケスの小説を映画化した。遺作『遥《はる》かなる帰郷』（一九九七年）はアウシュヴィッツ強制収容所から解放されたユダヤ人プリモ・レーヴィのエッセイをもとに、彼が故郷に帰るまでの日々を見せた。

ロージと同じく一九二二年生まれのパゾリーニは『デカメロン』（一九七一年）以降一挙に作風を変えて、エロチックな内容で有名な古典を原作として、人生と性を謳歌《おうか》する「生の三部作」を残した。一四世紀のイタリアの作家、ボッカチオの原作を映画化した『デカメロン』は、金持ちの息子が女に騙され金を奪われて肥溜《こえだ》めに入れられたり、石棺に閉じ込められるなど七つのエピソードが語られる。パゾリーニ自身が狂言回しとして画家ジョットの高弟役で楽しそうに演技している。『カンタベリー物語』（一九七二年）はイギリスで一四世紀に書かれたチョーサーの同名作品をもとに、一〇のエピソードを選んだ。四人の夫に性的に満足できなかった女が若い学生と結婚する話など、性にからむ物語がすべてユーモラスに語られる。一九七四年の『アラビアンナイト』はイスラム世界の説話集をもとに、オムニバスではなく、ヌ・レ・ディーンとズルムードの愛の物語とタージ王子の結婚の物語を描いた。三本ともユーモアとグロテスクとエロスが交互に現れる楽しい作品となった。
一九七五年の『ソドムの市』はフランスのマルキ・ド・サドの小説を原作としてエロスとグロテスクを表現した点は「生の三部作」と似ているが、舞台を第二次世界大戦末期のファシスト政権のサロ共和国にしたことで、大きな政治性が生じた。ファシストの代表である大統領、大司教、最高裁判事、公爵の四人が美少年や美少女を集めてあらゆる淫蕩《いんとう》に耽《ふけ》る。この映画でパゾリーニが何を表現したかったのかは大きな謎であるが、当時パゾリーニが批判していた資本主義や右派を俎上《そじょう》に載せたのは間違いない。いずれにせよ、七〇年代の四本に見られるエログロ趣味は同時代の娯楽映画を装ったようだが、彼の意図はもっと深いところにあるように思える。パゾリーニはこの作品の完成直後にローマ郊外のオスティア海岸で轢死体《れきしたい》となって発見された。この死に関しては今日にいたるまでさまざまな解釈があり、その後いくつもの本や映画が出ている。[*1]
一九二三年生まれのフランコ・ゼッフィレッリは、ロージと共にヴィスコンティの助監督をつとめて映画界に入った。師のヴィスコンティは、生涯にわたって映画と同時にオペラ演出を手がけていたが、ゼッフィレッリも五〇年代からオペラ演出を始め、六〇年代にはパリやニューヨークでも活躍していた。一九五九年に『キャンピング』（未）で初監督をつとめ、一九六七年にリチャード・バートン、エリザベス・テイラー主演で『じゃじゃ馬ならし』を撮って国際的に有名になる。その翌年の『ロミオとジュリエット』はオリビア・ハッセーとレナード・ホワイティングという一〇代の俳優を起用して世界中で大ヒットした。さらに一九七二年には聖フランチェスコの生涯を今風に描いた『ブラザー・サン　シスター・ムーン』を作った。彼の映画は古典や聖書の物語をオペラのように豪華絢爛な衣装や美術で見せるもので、国際的なキャストで英語で作られたため、多くの観客を得た。遺作はかつて何度も演出したオペラ歌手、マリア・カラスの晩年を描く『永遠のマリア・カラス』（二〇〇二年）である。

一九二二年生まれのマウロ・ボロニーニは、六〇年代は『バンボーレ』（一九六五年）などのオムニバス映画に参加した後、『わが青春のフロレンス』（一九七〇年）や『愛すれど哀しく』（一九七一年）など文学作品の映画化で知られた。共に二〇世紀初頭を描いた歴史ものである。

一九二六年生まれのヴァレリオ・ズルリーニは、日本ではクラウディア・カルディナーレとジャック・ペラン主演の『鞄を持った女』（一九六一年）、ヴェネツィアで金獅子賞受賞の『家族日誌』（一九六二年）が注目され、アラン・ドロンが主演で不良教師を演じる『高校教師』（一九七二年）がヒットした。遺作の『タタール人の砂漠』（一九七六年、V）はディーノ・ブッツァーティ原作の文芸映画の大作で、ジャック・ペラン、ヴィットリオ・ガズマン、フィリップ・ノワレ、ジャン＝ルイ・トランティニャン、マックス・フォン・シドーなどを集めてイスラム革命前のイランで撮影され、高い評価を得た。

（三）一九三〇年前後生まれのリアリズム

一九二〇年代生まれが多様な作風で活躍していく中、一九三〇年代生まれの監督たちはリアリズムを突き詰めていく。タヴィアーニ兄弟（兄ヴィットリオが一九二九年生まれ、弟パオロが一九三一年生まれ）は、単独監督作『危険分子たち』（一九六七年、未）以降、自らの脚本で社会変革や理想社会の実現を目指す人々を描き続ける。とりわけ『さそり座の星の下で』（一九六九年、未）は、時代も場所も特定せず、火山爆発で別の島に流れ着いた若者たちとその島の住民たちとの齟齬《そご》を、まるで学生運動の内部分裂の寓話のように象徴的な手法を用いて描いた重要な作品である。『サンミケーレのおんどりさん』（一九七二年、未）は一九世紀末の革命家の失望を見せ、『アロンサンファン　気高い兄弟』（一九七四年）は一九世紀初頭にイタリア統一運動に参加しながらも仲間を裏切ってゆく貴族の姿を、マルチェッロ・マストロヤンニを主演に描いた。

一九七七年のカンヌでパルム・ドールを受賞した『父　パードレ・パドローネ』からタヴィ

アーニ兄弟の黄金時代が始まる。これは言語学者ガヴィーノ・レッダの自伝をもとに、サルデーニャ島で羊飼いの父から学校に行くことを禁じられた少年が軍隊で読み書きを学び、自らの職業を見出してゆく姿を描く。岩に囲まれた不毛の土地での父との確執と自我の成長を、独白やクラシック音楽などを効果的に組み合わせて象徴的な場面に仕上げている。

『サン★ロレンツォの夜』（一九八二年）は第二次世界大戦末期のトスカーナ地方で、ドイツ軍やファシストたちから逃げるイタリアの村民たちを描く。六歳の少女のナレーションで進み、彼女が見た悲惨な世界が幻想と共に語られる。この作品からは脚本にトニーノ・グェッラ、音楽にニコラ・ピオヴァーニが加わってわかりやすさが増す。

『カオス・シチリア物語』（一九八四年）にはそのチームにさらに撮影監督ジュゼッペ・ランチが参加し、研ぎ澄まされた映像美を見せた。シチリアの作家、ルイジ・ピランデッロの短編をもとにシュールな味わいの物語が続く。特に終盤に子供たちが白い砂山を滑り降りて真っ青な海に向かうシーンは心に残る。この三本でタヴィアーニ兄弟は、革命家や社会運動家ではない底辺の庶民の生き方を描き、サルデーニャ、トスカーナ、シチリアの各地のローカル色を鮮明に見せてイタリアを代表する監督となった。

その後もタヴィアーニ兄弟は『グッドモーニング・バビロン！』（一九八七年）、『太陽は夜も輝く』（一九九〇年）、『フィオリーレ　花月の伝説』（一九九三年）、『笑う男』（一九九八年、未）、『復活』（二〇〇一年）、『ひばり農園』（二〇〇七年、未）、『塀の中のジュリアス・シーザー』（二〇一二年）と見ごたえのある映画を精力的に作り続けたが、七〇年代後半から八〇年代前半の傑作群には及ばない。

タヴィアーニ兄弟と同世代で、一九三一年生まれのエルマンノ・オルミも鉛の時代に活躍した一人だ。彼が日本を含む海外で知られるようになったのは、『木靴の樹』（一九七八年）がカンヌでパルム・ドールを受賞してから。本作は一九世紀後半の四軒の小作農家の悲惨な生活を細部の描写で見せ、庶民のありのままの生活を凝視する視線を貫いている。それは豪華なお城でのセレブの晩餐会を見習い給仕の若者の視点で描いた『偽りの晩餐』（一九八七年）でも、ルトガー・ハウアーがパリで酔っ払いを演じる寓話『聖なる酔っぱらいの伝説』（一九八八年）でも変わらない。イタリアでは当時はこれらの作品の「現状容認」的な立場が左派の批評家から批判されたが[*2]、この監督もタヴィアーニ兄弟も一九七〇年代以降は表立って権力を批判するわけではない。次第に世界の現実をそのまま示すよりも、象徴的、精神的な表現に頼るようになったと言えよう。

オルミはその後も『ジョヴァンニ』（二〇〇一年）、『ポー川のひかり』（二〇〇六年）、『楽園からの旅人』（二〇一一年）、『緑はよみがえる』（二〇一四年）と二〇一八年に亡くなるまで一作ごとに力のこもった作品を送り出し続けた。『ポー川のひかり』は冒頭、ボローニャ大学図書館の大量の古写本に大きな釘《くぎ》が刺さっている衝撃の場面から始まる（原題は『百本の釘』）。その犯人は実はすべてを捨ててポー川のほとりに住み始めた若き哲学の教授で、次第に付近の住民に支持される。宗教とは何か、権力とは何かを根源的に問いかける作品である。

一九二九年生まれのエリオ・ペトリは、ジュゼッペ・デ・サンティスの助監督をつとめて共同脚本に参加し、一九六一年に『殺人犯』（未）でデビューしているが、彼の名前が国際的に知られたのは『殺人捜査』が一九七〇年にカンヌで審査員特別賞を取ってからである。ジャン・マリア・ヴォロンテが警察の部長を演じ、自らの愛人を殺していながら誰も彼を逮捕できない警察内部を皮肉たっぷりに見せた。さらに七二年『労働者階級は天国に入る』（一九七一年、未）は、カンヌでロージの『黒い砂漠』と共にグランプリを受賞した。この作品では再びジャン・マリア・ヴォロンテが主役で大きな工場の労働者を演じる。労働者階級の分裂をリアルに描いたこの作品もある種の激情に駆られたように動き回る主人公が印象的である。

（四）鉛の時代を反映した異色な映画

「鉛の時代」の暗い世相を反映してか、一九三〇年代前後に生まれた監督の中には、近未来や極限状況に置かれた人間の姿を題材とする監督が登場した。

一九二八年生まれのマルコ・フェレーリは『猿女』（一九六四年、未）のようなグロテスクな喜劇から、六〇年代後半になると人間の欲望を追求した末の不条理な世界へ進む。『ハーレム』（一九六七年、未）は、自分を好きになった四人の男をクロアチアのドブロヴニクの海岸の別荘に連れ込む女の話だ。結局、男たちは楽しく過ごし、女は絶望してしまう。このような閉ざされた世界における人間の異常な行動については、『人間の種子』（一九六九年、未）、『ひきしお』（一九七二年）、『最後の晩餐』（一九七三年）にも引き継がれる。『最後の晩餐』ではパリ郊外の屋敷に集まった四人の金持ちをマルチェッロ・マストロヤンニ、ウーゴ・トニャッツィ、フィリップ・ノワレ、ミシェル・ピコリが演じる。彼らは娼婦や女教師を連れ込んで食欲と性欲の限りを尽くしながら自滅してゆく。それは同時代のパゾリーニと同様にエログロを超えて文明論的視座に立つ。

フェレーリは『バイバイ・モンキー　コーネリアスの夢』（一九七七年）でジェラール・ドパ

ルデューとマルチェッロ・マストロヤンニを使ってニューヨークを舞台に人類の終末図を見せた後は、一転して女性中心の未来に希望を求める自由な世界を描いている。フェレーリの妻が製作した『マイ・ワンダフル・ライフ』（一九七九年、V）はまだ無名時代のロベルト・ベニーニが出演し、保育園で働いて子供たちと何でもありの世界を繰り広げる。六年前のデ・セータの『ある教師の日記』に呼応する教育をテーマにした真摯な試みだ。『未来は女のものである』（一九八四年）は風変わりな中年カップル（ニエル・アレストラップとハンナ・シグラ）のもとに身重の若い女（オルネラ・ムーティ）が現れて一緒に住み始める話で、どこか未来的な楽しさに満ちている。遺作の『I　LOVE　YOU』（一九八六年）では、恋人に去られた男（クリストファー・ランバート）が、口笛を吹くと「アイ・ラブ・ユー」と音を出す女性の顔をしたキーホルダーに夢中になる。恋人が機械にとって代わられる近未来を予見したような内容だが、どこかコメディ・タッチに感じられる。

「イタリア式喜劇」から出発したエットレ・スコーラは、七〇年代に『あんなに愛しあったのに』（一九七四年）と『特別な一日』（一九七七年）の二本の代表作を残した。『あんなに愛しあったのに』は、第二次世界大戦中にレジスタンス運動に参加した三人の若者のその後を描いたものである。青春時代はモノクロ、その後はカラーで、弁護士となりゼネコンの社長令嬢と結婚したジャンニ（ヴィットリオ・ガズマン）、好きな女性（ステファニア・サンドレッリ）をジャンニに奪われて病院の看護師となったアントニオ（ニーノ・マンフレディ）、映画好きが昂《こう》じて妻子を置いてローマでジャーナリストとなるニコラ（ステファノ・サッタ・フロレス）の三人は、二五年ぶりに再会する。イタリアの戦後の歩みを見せながらも、フェリーニとマストロヤンニが実際に出てきて『甘い生活』の撮影シーンを再現したり、デ・シーカの講演会をニコラが聞いていたりと映画愛に溢《あふ》れており、映画は「デ・シーカに捧《ささ》げる」とクレジットされる。

『特別な一日』は、ヒトラーがローマを訪問してパレードが行われた日に、アパートに一人残された主婦（ソフィア・ローレン）が、向かいのアパートにいる反ファシストの男（マルチェッロ・マストロヤンニ）と知り合う一日を見せる。ほとんどが二人の室内での会話劇だが、双方の気持ちの繊細な変化が、ファシズムで盛り上がるローマを背景にアパート内を動き回るカメラで捉えられている。スコーラの二作品にはファシズム期が出てくるが、後述する二人の女性監督、リーナ・ヴェルトミューレルにもリリアーナ・カヴァーニにも同時期を扱った作品があるのは興味深い。これらの監督たちはネオレアリズモと違って、あくまでドラマ作りの一つとしてこの時期を使っている。

スコーラは二作品の間に、ローマ郊外の貧民窟を描く異色作『醜く、汚く、意地悪く』（一九七六年、未）を作っている。その後もトニャッツィ、ガズマン、トランティニャン、マストロヤンニを揃えて最後の「イタリア式喜劇[*3]」と言われる『テラス』（一九八〇年、未）、醜い女に魅せられた美男の青年将校を描く『パッション・ダモーレ』（一九八一年）、セリフなしで歌と踊りを見せる『ル・バル』（一九八四年）など多様で意欲的な作品を見せた。

　再会する二人の老人をジャック・レモンとマルチェッロ・マストロヤンニが演じる『マカロニ』（一九八五年）からは、老いを描くようになった。ヴィットリオ・ガズマン演じる七四歳の男の人生と家族を描く『ラ・ファミリア』（一九八七年）、映画館主のマストロヤンニが映画の名作や過去の出来事を回顧する『スプレンドール』（一九八九年）、老いた父と息子との再会をマストロヤンニとマッシモ・トロイージが演じる『ＢＡＲに灯《ひ》ともる頃』（一九八九年）、ファニー・アルダンが田舎の食堂の女主人を演じ、ヴィットリオ・ガズマンやジャンカルロ・ジャンニーニらが常連客となる『星降る夜のリストランテ』（一九九八年）。その後はさらりと現代ローマの横顔を見せる『ローマの人々』（二〇〇三年、未）、尊敬するフェリーニの生涯をたどる『フェデリコという不思議な存在』（二〇一三年）の二本の興味深いドキュメンタリーを残した。

　一九三〇年生まれのジュリアーノ・モンタルドは五〇年代から俳優として活躍し、現在まで続けているが、監督としては一九六一年に長編デビューし、七〇年前後は主にアメリカを舞台にしたアクション映画で知られていた。ジョン・カサベテスが刑務所から出たギャングを演じる『明日よさらば』、エドワード・G・ロビンソンが三〇年の教職の後に悪友とリオで大強盗を企てる『盗みのプロ部隊』（共に一九六九年）、一九二〇年代にアメリカで二人のイタリア人が強盗殺人の冤罪《えんざい》で死刑になる過程を追った傑作『死刑台のメロディ』（一九七〇年）などが挙げられる。その後は一九三〇年代のフェラーラを舞台にフィリップ・ノワレとルパート・エヴェレット演じる大学生の友情と同性愛を繊細に描く『フェラーラ物語「金縁の眼鏡」より』（一九八七年）が公開された。

一九三八年生まれのパスクァーレ・スクイティエーリは、ヴィットリオ・デ・シーカ製作の『私と神』（一九六九年、未）で監督デビュー後、『ガンマン無頼　地獄人別帖《にんべつちょう》』（一九七一年）などの西部劇を手がけ、『殺しのギャンブル』（一九七三年）がヒットする。これはナポリのカモッラで貧民窟出身の青年がのし上がっていくさまを克明に描く社会派の映画である。そのほかジュリアーノ・ジェンマとクラウディア・カルディナーレ主演の『鉄人長官』（一九七七年）やクラウディア・カルディナーレとカトリーヌ・スパーク主演の『クラレッタ・ペタッチの伝説』（一九八四年）が知られる。

一九三八年生まれのプーピ・アヴァーティは六〇年代後半からホラー映画を手がけていたが、

一九八三年に老女がボローニャでの一九一〇年代を回顧する『追憶の旅』がヒットして日本でも公開され、彼の故郷ボローニャをノスタルジックに描く路線が定着してゆく。ほかに日本で公開されたのは『モーツァルト　青春の日々』（一九八四年）、『いつか見た風景』（一九八九年）、『ジャズ・ミー・ブルース』（一九九一年）、『ボローニャの夕暮れ』（二〇〇八年）などで、現在も新作を発表し続けている。イタリア映画祭の常連で『真夏の夜のダンス』（一九九九年）、『心は彼方に』（二〇〇三年）、『二度目の結婚』（二〇〇五年）、『バール・マルゲリータに集う仲間たち』（二〇〇九年）が上映された。

喜劇というジャンルではルチアーノ・サルチェ監督の『ファントッツィ』（一九七五年、未）も無視できないだろう。これは作家でコメディアンでもあったパオロ・ヴィラッジョが書いたベストセラー小説をもとにヴィラッジョ本人が主演し、ミラノで働く徹底的にドジな会計係の会社員を演じた。ヴィラッジョはフェリーニの『ボイス・オブ・ムーン』にも出演している。『ファントッツィ』はその年のイタリアの興行収入で一位となり、その後も監督を変えながら一九九九年まで一〇本のシリーズが作られている。

また、この世代には七〇年代に世界的に注目された女性監督が二人いることにも触れておきたい。一九二八年生まれのリーナ・ヴェルトミューレルと一九三三年生まれのリリアーナ・カヴァーニだ。ヴェルトミューレルはフェリーニの『甘い生活』と『$8\frac{1}{2}$』の助監督をつとめた後、一九六三年に『とかげたち』（未）でデビューしているが、世界的に知られるのは『流されて…』（一九七四年）からである。豪華なヨットに乗るブルジョアたちの中の一人の女性がヨットの乗組員（ジャンカルロ・ジャンニーニ）と二人きりで無人島に流されてしまい、立場が逆転して愛が生まれるという特異な設定の映画である。

『セブン・ビューティーズ』（一九七五年）では戦前のナポリを舞台にジャンカルロ・ジャンニーニが女性にもてることが取り柄のパスクァリーノを演じる。精神病院に入れられたり、抜け出して戦争に行くとナチスの収容所に入れられたりと災難続きだが、女所長に取り入って何とか生き延びる。この映画はアカデミー賞の四部門にノミネートされ、彼女は女性で初めて監督賞にノミネートされた監督となった。

カヴァーニはドキュメンタリー映画から出発し、一九六六年にRAIのテレビ用映画『アッシジのフランチェスコ』（未）で長編デビューした。ここでルー・カステル演じるフランチェスコは、一六ミリの手持ちカメラでまるで学生運動をする若者のように捉えられている。『ガリレオ』（一九六八年、未）、チベットの聖者を描く『ミラレパ』（一九七四年）、ニーチェの三角関係を描く『ルー・サロメ　善悪の彼岸』（一九七七年）、ミッキー・ロークを主演に再び聖フランチェスコに挑んだ『フランチェスコ』（一九八九年）と特異な実在の人物を描いた。それらの作品に共通するのは、社会や秩序に異議申し立てをする主人公の姿である。彼女が世界的に知られたのは『愛の嵐』（一九七四年）で、元ナチス親衛隊将校だった男（ダーク・ボガード）が、かつて弄んだユダヤ人少女（シャーロット・ランプリング）と戦後一二年たって再会する。シャーロット・ランプリングがナチスの制服を着て胸をはだけて歌う場面に代表されるナチス時代の鮮烈な再現と、再会した二人に愛が生まれるという異様な展開が大きな話題を呼んだ。

（五）新たな世代を象徴するベロッキオとベルトルッチ

一九三九年生まれのマルコ・ベロッキオと一九四一年生まれのベルナルド・ベルトルッチは七〇年代から八〇年代において、類を見ないほどの過激で華麗な展開を見せた。

ベロッキオの作品が同時代的に日本の映画館で公開されたのは『肉体の悪魔』（一九八六年）が最初だったが、彼は七〇年代から八〇年代にかけて旺盛な活動を続けていた。『父の名において』（一九七二年、未）は、一九五八年のイエズス会高校における転校生に率いられた生徒たちの反乱を描いたが、旧来の教育を続けるだけの神父たちの保守的な姿と転校生の悪魔的な活躍、その間に立つ用務員たち（中心がルー・カステル）の階級対立が強い印象を残す。『虚空への跳躍』（一九八〇年、未）は精神を病む女（アヌーク・エーメ）とその兄で検事（ミシェル・ピコリ）の奇妙な依存関係を描き、ベロッキオが社会や制度への異議申し立てから精神の狂気に向かう一歩となった。この作品はカンヌで二人のフランス人俳優に男優賞と女優賞をもたらした。

『目と口』（一九八二年、未）は長編第一作『ポケットの中の握り拳』の続編的な内容であり、かつ監督本人の実体験をもとにしている点で重要である。主人公ジョヴァンニを演じるのは『ポケットの中の握り拳』のルー・カステルである。ジョヴァンニは俳優でローマで暮らしていたが、双子の兄の自殺後、葬式に出るためにボローニャの実家に帰る。ジョヴァンニと家族が自らの代表作である『ポケットの中の握り拳』を見に行くシーンまであるし、母を崖から落とす場面も写る。ベロッキオに自殺した双子の兄がいたことは、二〇二一年のベロッキオのドキュメンタリー『マルクスは待ってくれる』で詳細に描いているが、『目と口』を見ると自殺した兄の存在がベロッキオの映画作りに大きな影を落としていたことがわかる。

『エンリコ四世』（一九八四年）はピランデッロの戯曲が原作。落馬が原因で精神に異常を来した男（マルチェッロ・マストロヤンニ）が自分を「エンリコ四世」（神聖ローマ帝国皇帝ハインリヒ四世）と信じて幽閉されて二〇年間過ごすが、かつての恋人が現れて男が狂気を装っていたことがわかる。『肉体の悪魔』はフランスのレイモン・ラディゲの同名の原作を大きく変えて、年下の高校生を好きになる女（マルーシュカ・デートメルス）が精神を病んでいる設定にしている。彼女のエロチックな場面が話題を呼んだ。

二〇〇〇年頃からベロッキオは家庭内の狂気からより大きな一つの時代や社会全体の闇を描くようになった。とりわけ、一九七八年の「赤い旅団」によるアルド・モーロ元首相の誘拐暗殺事件を描く『夜よ、こんにちは』（二〇〇三年）、ムッソリーニとその愛人や息子の悲劇を描く『愛の勝利を　ムッソリーニを愛した女』（二〇〇九年）、一九八〇年代のマフィア抗争をパレルモ派の大物、トンマーゾ・ブシェッタを中心に描く『シチリアーノ　裏切りの美学』（二〇一九年）の三本は彼の代表作と言えるだろう。ベロッキオは六〇年代から社会に抵抗する人々の内面や家族を描いてきたが、六〇歳を越えてから二〇世紀のイタリアの現代史に新たな光を当てる大監督になったのではないか。

同世代のベルナルド・ベルトルッチは、ベロッキオとは逆に七〇年代にその才能を最も開花させたように思う。一九七〇年の『暗殺のオペラ』と『暗殺の森』は、ヴィットリオ・ストラーロの撮影による華麗な映像でイタリアのファシズム期の虚構をシンボリックに見せた。『暗殺のオペラ』はホルヘ・ルイス・ボルヘスの原作をもとに、反ファシズムの英雄として亡くなった父親の足跡をその息子がさがすために、三〇年後に父親が殺された街を彷徨う。息子は父親と同化し、現在と過去が入り混じる構成をテレビ用映画とは思えないほどの鮮やかな長回しと色彩、ヴェルディのオペラで絵巻物のように見せる。

『暗殺の森』はアルベルト・モラヴィアの原作で、「順応主義者」（映画および原作の原題）であるマルチェッロ（ジャン＝ルイ・トランティニャン）が、ファシスト政権からの命令でパリに住む恩師のイタリア人教授を暗殺する顚末を描く。実はマルチェッロが順応主義者になった理由は幼い頃の異常な体験によるもので、彼の過去があちこちに挿《はさ》み込まれる。平凡な妻ジュリア（ステファニア・サンドレッリ）とパリに向かう列車の客室に差す光やパリの教授の部屋、ジュリアが教授の妻（ドミニク・サンダ）と踊るダンス・ホールや教授を暗殺する森に積もる雪など、光の美しさを最大限に見せる撮影監督ストラーロの作り出す絵画的な画面にため息が出る。

『ラストタンゴ・イン・パリ』（一九七二年）はパリのアパートで偶然に出会った中年のアメリカ人（マーロン・ブランド）と若い娘（マリア・シュナイダー）が関係を続けるさまを退廃的に描く。この作品の大胆な性描写によってベルトルッチは世界に知られることになった。一九七六年の『1900年』はこれまでファシズム期を描いてきたベルトルッチの集大成的な作品で、二部構成で五時間一六分の大作。一九〇〇年に北イタリアに生まれた大地主のアルフレード（ロバート・デ・ニーロ）と小作人のオルモ（ジェラール・ドパルデュー）を中心に、彼らの友情と

『ラストタンゴ・イン・パリ』（1972年）　写真提供：Everett Collection／アフロ

恋愛と対立を幼少期から現代（一九七五年）まで描いた。『暗殺のオペラ』や『暗殺の森』にあった過去の場面や記憶の挿入を使ったシンボリックな表現は影を潜め、監督自らが育った北イタリアの人々を微細に描く手法はフレスコ画のようである。

その後のベルトルッチは海外に目を向け始める。『ルナ』（一九七九年）はニューヨークに暮らすオペラ歌手の母親と息子の物語で、冒頭のニューヨークから舞台は一転してローマに移る。『ある愚か者の悲劇』（一九八一年、V）はイタリアの話だが、『ラストエンペラー』（一九八七年）は全編を中国でロケした。一九〇八年に清《しん》の皇帝となった溥儀《ふぎ》の激動の生涯を一九六七年まで描くもので、即位式のスペクタクルな演出や紫禁城に閉じ込められてからの日々の描写が絵巻物のようで息を呑《の》む。日本の傀儡《かいらい》である満州国の皇帝になってからの描写も興味深い。この作品は米アカデミー賞において作品賞を含む九部門で受賞し、坂本龍一は作曲賞を受賞。ジェレミー・トーマスが製作し、世界市場向けのためにセリフのほとんどが英語である。エキゾチシズムを誘う映画作りは、アフリカの砂漠を舞台にした『シェルタリング・スカイ』（一九九〇年）、チベットやネパールが舞台の『リトル・ブッダ』（一九九三年）に引き継がれる。その後はイタリアで『魅せられて』（一九九六年）、『シャンドライの恋』（一九九八年）などを撮るが、かつての高みに達することはなかった。遺作は『孤独な天使たち』（二〇一二年）。

ベルトルッチの多くの作品の撮影監督をつとめたヴィットリオ・ストラーロには『１９００年』以降、何人かのアメリカの監督から誘いが来た。フランシス・フォード・コッポラ監督『地獄の黙示録』（一九七九年）、ウォーレン・ベイティ監督・主演『レッズ』（一九八一年）、ウディ・アレン監督『カフェ・ソサエティ』（二〇一六年）などである。

一九四三年生まれのロベルト・ファエンツァは、ブルジョアの父とヒッピーの息子を描く『エスカレーション』（一九六五年）でデビューし、ベロッキオやベルトルッチに続く反逆の監督として迎えられた。その後はハーヴェイ・カイテルとジョン・ライドン主演でニューヨークの警官の腐敗を描く『コップキラー』（一九八二年）やナチスの強制収容所で暮らす少年を描く『鯨《くじら》の中のジョナ』（一九九〇年）、一九世紀半ばのシチリアの貴族の一家を描く『副王家の一族』（二〇〇七年）などさまざまなテーマを扱っている。

（六）数少ないイタリア前衛作家たち

リアリズム志向とファンタジーを含む娯楽映画を基調とするイタリア映画にはいわゆる「実験映像作家」は少ないが、まったくいないわけではない。

一九三七年生まれのカルメロ・べーネは映像の前衛性において随一だろう。彼は一九五九年から演劇の前衛的な演出家として活躍をしていたが、六〇年代後半から数本の映画を監督している。最も有名なのは一九六八年のヴェネツィアで審査員特別賞を受賞した『トルコ人たちのマドンナ』（未）で、イタリア映画には珍しい実験映画的な作品である。小説家がプーリアのある街で見る幻想を綴ったもので、一五世紀のトルコ軍による虐殺を語るうちに自らその世界に入ってゆく。監督が主演で一六ミリで撮られた粒子の粗い映像は、自由に動き回るカメラによって刹那的なきらめきを重ねてゆく。アドリアーノ・アプラは「伝統的な表現コードや物語構造に疑問を突きつける彼の映画は、真に実験映画と呼べる数少ない作品である」*4と書く。

同じ一九三七年生まれのトニーノ・デ・ベルナルディの映像はカルメロ・ベーネに近く、手持ちカメラで日常の輝きを捉えていく。彼は六七年に『緑の怪物』（未）を撮った後に前衛芸術運動「アルテ・ポーヴェラ」に参加する。イタリア映画祭で上映された『薔薇《ばら》色のトラ』（二〇〇〇年）は女装して男性向けに売春する青年の彷徨を描いたものだが、ライブを見るような感覚で音楽と映像に浸ることができる。

一九四二年生まれのアンジェラ・リッチ・ルッキとイェルヴァン・ジャニキアンの二人は過去のアーカイブ映像から戦争や植民地、差別など人類の悪に関わるものをさがし出して構成する。七〇年代から活動を始め、『南極から赤道まで』（一九八七年）が横浜トリエンナーレやあいちトリエンナーレで上映されたように、現代美術の文脈で評価されることが多い。パリのポンピドゥー・センターやニューヨーク近代美術館でも回顧展が開かれている。二〇一九年の山形国際ドキュメンタリー映画祭で上映された『アンジェラの日記—我ら二人の映画作家』（二〇一八年）はアンジェラ・リッチ・ルッキが亡くなった後にイェルヴァン・ジャニキアンが彼女の残した日記や映像を再構成したもので、孤独な映画作家の日々が蘇る傑作である。

フランス人ではあるが、一九三三年生まれのジャン＝マリー・ストローブと一九三六年生まれのダニエル・ユイレについても触れておきたい。彼らは兵役を逃れてドイツで『アンナ・マグダレーナ・バッハの日記』(一九六八年)などを作っていたが、ローマで撮影したコルネイユ原作の『オトン』(一九七〇年)以降は主にイタリアを拠点としてイタリア語の作品を何本も作っている。小説や音楽をもとに、いわゆる演出を加えずに忠実に映画化することが彼らの特徴で、『雲から抵抗へ』(一九七八年)はチェーザレ・パヴェーゼ原作、『シチリア!』(一九九九年)や『労働者たち、農民たち』(二〇〇二年)、『放蕩息子の帰還　辱められた人々』(二〇〇三年)はエリオ・ヴィットリーニの小説を映画化している。彼らの作品は、日本では神戸ファッション美術館とアテネ・フランセ文化センターが所蔵している。

一九四六年生まれのパオロ・ベンヴェヌーティは、ストローブとユイレの助監督をつとめたこともあり、人間や自然を長い固定ショットで見せる。最初の長編『ユダの接吻《せっぷん》』(一九八八年)は二〇〇一年の「イタリア映画大回顧」の五五本の一番新しい作品として上映されたが、イエス・キリストの最後の日々を固定カメラで絵画のように見せた。劇場公開された『プッチーニの愛人』(二〇〇八年)はトスカーナの湖畔で作曲家プッチーニの愛人と疑われて自殺するメイドの話を『西部の娘』の音楽と共に見せるもので、説明を排したミニマルな作品だった。

鉛の時代においてヴィスコンティなどの戦前からの巨匠たちは最後の輝きを見せて去ってゆく一方で、ロージやタヴィアーニ兄弟やオルミは彼らなりにネオレアリズモを継承した。スコーラはイタリア式喜劇を引き継ぎ、ベロッキオとベルトルッチは先鋭的で自由な表現に磨きをかけた。さらにベーネのような実験映像作家も生まれている。七〇年代においてもイタリア映画の栄光は輝き続けたと言えるだろう。

第七章　イタリア映画の黄昏

(一) ナンニ・モレッティ「独り勝ち」の時代

前述の通り、タヴィアーニ兄弟は『父　パードレ・パドローネ』(一九七七年)で、エルマンノ・オルミは『木靴の樹』(一九七八年)で共にカンヌのパルム・ドールに輝いた。しかし、この七〇年代後半の二年間がイタリア映画界の頂点だった。八〇年代になると、フェデリコ・フェリーニはいつ終わるとも知れない華麗な自己模倣を続け、ベルナルド・ベルトルッチは海外へ向かい、マルコ・ベロッキオは家族における狂気の精神分析的世界にこもっていた。六〇年代から七〇年代にかけて多くの監督を巻き込んで一世を風靡したイタリア式西部劇も、その隆盛を終え、同じくらい栄えたイタリアン・ホラーも大きな流行を終えてダリオ・アルジェントなどの個人の才能に頼るようになった。

なにより、イタリア国内の観客数が減った。一九六〇年には年間七億人を超えていた観客は、一九八〇年に二億四〇〇〇万人となり、一九九〇年には九〇〇〇万人と激減した。これはテレビの普及に伴うもので世界的な現象ではあるものの、日本やフランスと比べてもその減少ぶりは激しかった。また、フランスを中心とした外国との合作の割合は、一九六〇年代から一九七〇年代前半までは全体の半分近くあったが、八〇年代から九〇年にかけて二割から一割と減った。八〇年まで四割から六割あった全公開映画に対するイタリア映画（合作含む）の割合は、一九九〇年には二割を切った。[*1]

時を同じくして、八五人が亡くなった一九八〇年八月のボローニャ駅爆破事件を最後に、イタリア社会は一九六〇年代末から始まった「鉛の時代」をようやく抜け出した。長かったテロの時代は左翼に対する幻滅を生み、伝統的に左派の多かったイタリアの映画監督の中には、政治的な発言から距離を置く若手が現れた。

観客数が減ると、若い監督がデビューできる機会は限られてきた。そのような状況下で、低予算の極私的な映画を撮り始めたのが一九五三年生まれのナンニ・モレッティだった。彼は一九七六年、スーパー8で撮影して一六ミリに引き延ばした『私は自給自足者』（未）を自主上映で発表し、これまでのイタリア映画とまったく異なる日記のようなスタイルを生み出した。この映画で劇団員の一人、ミケーレを演じるのは監督のモレッティ自身で、これまでの映画や社会への不満を口にする。

次の『青春のくずや～おはらい』（一九七八年）からは監督が演じるミケーレが主人公となり、周囲への不満と自分の不甲斐《ふがい》なさを独白のように語るスタイルを確立する。そこには明らかに革命の世代に遅れてきた者たちの空白状態があった。『監督ミケーレの黄金の夢』（一九八一年）でミケーレは若手監督としてあちこちの上映に招かれるが、若者と話が通じない。『僕のビアンカ』（一九八三年）では高校の数学教師ミケーレが同僚とも生徒ともうまくいかず、仏語教師のビアンカ（ラウラ・モランテ）に心を寄せるが、殺人事件が起こって逮捕されてしまう。この映画で初めてほかの脚本家（サンドロ・ペトラリア）が参加し、これまでの作品と違って観客にとって見やすい構成となった。

日本で初めて公開された『ジュリオの当惑』（一九八五年）でもペトラリアが脚本に加わり、モレッティがローマ郊外の地元に戻ってきた青年司祭ジュリオを演じる。久しぶりに会った家族だが、父親は若い女性と同居を始めて母親はそれがショックで自殺し、妹は別れた恋人との間の赤ちゃんを中絶する。ジュリオは信者ともうまくいかず、教会を離れてゆく。この映画はベルリンで審査員特別賞を得た。『赤いシュート』（一九八九年）は再びモレッティ単独の脚本に戻り、モレッティによる主人公ミケーレが復活する。水球の試合の前に事故で健忘症になった男を演じて、初期の要素の集大成とも言うべき強烈な作品だ。特に若い頃の自作短編の映像を随所に挿入し、少年期を再現して、共産党批判や欲求不満を叩《たた》きつけて、自分が何の希望も持てない世代に育ったことを強調する。

一九九〇年代の二本は、それまでの長い苦悩から解放されたように、エッセイのように気楽に自分の身辺や社会にカメラを向けている。カンヌで監督賞を得た『親愛なる日記』（一九九四年）は三つの章に分かれており、バイクに乗ってローマ市内を駆け回り、リパリ島の友人と共に島々を巡り、皮膚科の医者を訪ねる毎日を送る。もちろん社会への辛辣な言葉や幼少期への偏愛（ザッハトルテなどのケーキへの執着）などはこれまでと変わらないが、四〇歳になった余裕が感じられて快い。『ナンニ・モレッティのエイプリル』（一九九八年）は、九四年のシルヴィオ・ベルルスコーニの政権奪取から九七年の敗北までを、モレッティがミュージカルを撮ることができずに政治的なドキュメンタリーを撮ろうと苦労する日々で見せる。ベルルスコーニの失墜だけでなく、自分の子供が生まれたことも映画に挿み込まれ、全体に幸せな雰囲気が漂っている。

二〇〇〇年以降のモレッティはがらりと趣が変わり、ある種の成熟が加わった。相変わらずモレッティ本人は出演するものの登場人物の一人でしかなく、ほかに二、三人が共同脚本で加わっているために話がわかりやすい。『息子の部屋』（二〇〇一年）では息子を亡くした夫婦とその娘を描き、カンヌでパルム・ドールを受賞した。『夫婦の危機』（二〇〇六年）はベルルスコーニの映画を作ろうとするプロデューサーを描き、モレッティがベルルスコーニを演じた。『ローマ法王の休日』（二〇一一年）はローマ法王に選ばれた男（ミシェル・ピコリ）が法王を拒否する話をユーモアたっぷりに描く。この二本はテーマが大きすぎたせいか、ドラマとしてはいささか拍子抜けではあった。『母よ、』（二〇一五年）、『3つの鍵』（二〇二一年）では再び家族の物語に戻り、純度の高いドラマを作り続けている。評論家・翻訳家の岡本太郎はモレッティについて「あまりにも徹底して極度に個人的な映画を撮ってしまったおかげで、たぶん思いもよらなかったくらいの成功を手にし、ほとんど思いのまま映画作りを続けることができたという実に希有な例なのだ[*2]」と書く。実際、モレッティのデビューとその後の成功は奇跡のようなものだった。

(二) モレッティと同世代の監督たち

一九八〇年代にデビューした監督で重要な存在は四人挙げられる。ジャンニ・アメリオ、マルコ・トゥリオ・ジョルダーナ、ガブリエーレ・サルヴァトーレス、ジュゼッペ・トルナトーレだ。

一九四五年生まれのアメリオはリリアーナ・カヴァーニやヴィットリオ・デ・セータの助監督をつとめた後、『心のいたみ』(一九八三年、未)で長編デビューした。これは大学教授の父親(ジャン＝ルイ・トランティニャン)と息子のコミュニケーションを描いた作品だが、大学教授が実はテロリスト集団とつながっており、「鉛の時代」を映画で表現した早い例である。また監督の実体験に基づく父子の関係の難しさは、その後もこの監督のテーマとなる。

一九九〇年代から彼の黄金時代が始まる。『宣告』(一九九〇年)は一九三〇年代のシチリアの判事の苦悩を描き、『小さな旅人』(一九九二年)は売春をしていた少女とその弟の孤独な姿を警官との交流の中で見せる。この映画に父親は不在だ。『いつか来た道』(一九九八年)は一九六〇年前後のトリノで生きるシチリア出身の若い兄弟を描き、ヴェネツィアで金獅子賞を得た。『家の鍵』(二〇〇四年)は一五年ぶりに障害者の息子と再会する父親(キム・ロッシ・スチュアート)を描く。

一九五〇年生まれのマルコ・トゥリオ・ジョルダーナはアメリオ以上に「鉛の時代」にこだわり続ける。最初の長編『呪われた者たちを愛す』(一九八〇年、未)は六八年の学生運動の後に五年間海外に逃れて戻ってきた男の違和感を描き、『パゾリーニ　イタリアの犯罪』（一九九五年、未）ではパゾリーニの死をめぐる捜査と裁判をニュース映像を交えながら再現した。彼は『ペッピーノの百歩』（二〇〇〇年）で六〇年代のシチリアの反マフィア運動を克明に描き、連続テレビドラマ用として作られた『輝ける青春』（二〇〇三年）は、六〇年代から現代までのローマの一家族を描くものだが、とりわけテロの時代が印象に残った。この六時間を超す作品がカンヌで好評を得て二部に分けて劇場公開されると国内外でヒットした。この二本が彼の代表作だろう。『13歳の夏に僕は生まれた』（二〇〇五年）は、北イタリアの裕福な街に住む少年とアフリカ移民との出会いを描き、『フォンターナ広場　イタリアの陰謀』（二〇一二年）は、「鉛の時代」のきっかけとなった一九六九年のテロ事件をその後も含めて見せた。

同じく一九五〇年生まれのガブリエーレ・サルヴァトーレスは、七〇年代からミラノで演劇活動を始め、一九八三年にシェイクスピアの同名戯曲を自由に翻案した『真夏の夜の夢』（未）で長編デビューした。『マラケシュ・エクスプレス』（一九八九年）、『エーゲ海の天使』（一九九一年）、『ニルヴァーナ』（一九九七年）、『ぼくは怖くない』（二〇〇三年）が日本で公開されたほか『ゴッド・オブ・バイオレンス　シベリアの狼《おおかみ》たち』（二〇一二年）、『インビジブル・スクワッド　悪の部隊と光の戦士』（二〇一四年）が配信・ＤＶＤ発売され、イタリア映画祭では『クオ・ヴァディス、ベイビー?』(二〇〇五年)と『オール・マイ・クレイジー・ラブ』(二〇一九年)が上映された。『マラケシュ・エクスプレス』やアカデミー賞外国語映画賞を得た『エーゲ海の天使』は苦境の中で生き延びた若者たちとその後をノスタルジックに描いている。若い頃に「鉛の時代」を過ごした世代の映画とも言えよう。その後もサルヴァトーレスは映画ごとにテーマとスタイルを変えながら作品を作り続けている。

一九五六年生まれのジュゼッペ・トルナトーレはカモッラ(ナポリのマフィア)の実情を描く『教授と呼ばれた男』(一九八六年)でデビューし、『ニュー・シネマ・パラダイス』(一九八八年)で世界的に有名な監督となった。これは中年の映画監督(ジャック・ペラン)がシチリアで暮らしていた少年時代を回想したもので、少年トトと友情で結ばれた映写技師をフィリップ・ノワレが演じ、映画愛を全面に押し出した構成が話題になった。カンヌで審査員特別賞やアカデミー賞外国語映画賞を取り、世界的な大ヒットとなってイタリア映画の復活を告げた。その後の二本ではあえてマイナー路線を見せた。『みんな元気』(一九九〇年)ではマストロヤンニ演じる老人が五人の子供を訪ねてシチリアからトリノまで北上して現実の冷たさを悟る姿を見せ、『記憶の扉』(一九九四年)では小説家(ジェラール・ドパルデュー)と警察署長(ロマン・ポランスキー)の記憶をめぐるやり取りを濃密な室内劇に仕立てた。

その後は『明日を夢見て』（一九九五年）、『海の上のピアニスト』（一九九九年）、『マレーナ』（二〇〇〇年）とヒット作を連発してきた。この三本はいずれも二〇世紀前半や中盤を舞台にしているが、その時代と環境を巧みに再現してシチリアや豪華客船内の世界を、わかりやすいドラマとして見せている。ジャン・ピエロ・ブルネッタは、「イタリア映画が今なお大観衆の心の琴線にふれ、世界の映画ファンに視覚芸術《スペクタクル》であると認識させているとするなら、トルナトーレも疑いなくその一翼を荷《にな》っているのである」[*3]と書く。ただ、二〇〇〇年以降、『シチリア！シチリア！』（二〇〇九年）、『鑑定士と顔のない依頼人』（二〇一三年）などはやや精彩を欠く。

モレッティをはじめとする一九五〇年前後生まれの監督たちは、総じて鉛の時代が終わって革命の幻想が消えた世代の空虚な心象風景を描き続けたと言えるのではないか。そしてモレッティを除くと、最近ではその活動に陰りが見られる。

(三) モレッティ以降の若手監督たち

ナンニ・モレッティは一九八六年に製作会社サケル・フィルムを設立し、自分の監督作品のほかに、若手のデビューをサポートした。カルロ・マッツァクラーティの『イタリアの夜』（一九八七年、未）、ダニエレ・ルケッティの『イタリア不思議旅』（一九八八年）や『カバン持ち』

（一九九一年、未）がそうである。

一九五六年生まれのマッツァクラーティの長編デビュー作『イタリアの夜』はマルコ・メッセリ演じる若い弁護士の放浪と純愛を北イタリアの情感溢れる描写の中でシンプルに描いた。彼の作品は日本で劇場公開されることはなかったが、イタリア映画祭では、『ダヴィデの夏』（一九九八年）、『聖アントニオと盗人たち』（二〇〇〇年）、『愛はふたたび』（二〇〇四年）、『まなざしの長さをはかって』（二〇〇七年）、『ラ・パッショーネ』（二〇一〇年）、『幸せの椅子』（二〇一三年）と初期の作品を除く劇映画すべてが上映された。

マッツァクラーティはこの世代では最も繊細な映画的感性を持ち、社会の周辺部に生きる人々を主人公にし、その抒情のほとばしりを長回しのカメラで追いかけてユーモアたっぷりに語るスタイルが特徴的だったが、二〇一四年に五七歳で亡くなった。代表作は『聖アントニオと盗人たち』で、四〇代で無職の二人がパドヴァの教会から「聖人の舌」（映画の原題）を盗み出す話だ。教会は取引に応じないが、金を出すという実業家との取引が始まり、警察も動き出す。ファブリツィオ・ベンティヴォリオとアントニオ・アルバネーゼ演じる二人の逃走劇をユーモアとサスペンスで描きながらも、ベンティヴォリオがかつての恋人への純愛を高らかに歌う。

ルケッティの『イタリア不思議旅』（一九八八年）は一九世紀半ばのイタリア統一運動下のトスカーナを舞台に、二人の牧童の奇想天外な旅を軽やかに見せるロードムービーだったが、その瑞々《みずみず》しい映像感覚は、その後の作品からは消えてしまう。二〇〇〇年以降では、一九六〇年代に生きる兄弟を政治的背景と共に描く『マイ・ブラザー』（二〇〇七年）、妻を亡くした男の奮闘を描く『我らの生活』（二〇一〇年）、フランシスコ法王を描く『ローマ法王になる日まで』（二〇一五年）、交通事故で死んだ男が寿命を延ばしてもらう『ワン・モア・ライフ！』（二〇一八年）、夫婦の不和とその後を描く『靴ひものロンド』（二〇二〇年）などシリアスなドラマが劇場公開されている。

一九五八年生まれのシルヴィオ・ソルディーニは、『ベニスで恋して』（二〇〇〇年）がヒットしたことで日本でもよく知られている。リーチャ・マリエッタ演じる主婦がふとした偶然からヴェネツィアに行くことになり、そこでトラットリアの主人（ブルーノ・ガンツ）と知り合う爽やかな物語だ。原題は『パンとチューリップ』で明らかにイタリア式喜劇の巨匠、ルイジ・コメンチーニの『パンと恋と夢』（一九五三年）を意識している。ソルディーニは普通の人々のちょっとした出会いと別れをユーモアを交えて描くことにたけ、デビュー長編の『西の穏やかな空気』（一九九〇年、未）は、ミラノに生きる四人の三〇歳前後の孤独な男女の偶然の出会いを鮮烈に描いた。このドラマ作りは、日本で公開されたハンガリー出身の作家アゴタ・クリストフ原作の幻想的作品『風の痛み』（二〇〇二年）や、若い夫婦の危機をマルゲリータ・ブイとアントニオ・アルバネーゼが演じる『日々と雲行き』（二〇〇七年）、ヴァレリア・ゴリーノが目の見えない理学療法士を演じる『エマの瞳』（二〇一七年）にも共通する。そのほかイタリア映画祭では『アクロバットの女たち』（一九九七年）、『アガタと嵐』（二〇〇四年）、『司令官とコウノトリ』（二〇一二年）も日本の観客からの評判がよかった。

一九五三年生まれのジュゼッペ・ピッチョーニは、最初の長編『青春の形見』（一九八七年）が日本で公開されている。これは一九七〇年代前半の地方都市の高校生群像をノスタルジックにたどった自伝的内容だが、出てくる人物への優しいまなざしが心に残る。その後は『もうひとつの世界』（一九九八年）、『ぼくの瞳の光』（二〇〇一年）、『ローマの教室で　我らの佳《よ》き日々』（二〇一二年）が日本で公開された。彼は孤独な人々同士の心の触れ合いを温かいタッチで見せてくれる監督で、とりわけ『もうひとつの世界』は修道女（マルゲリータ・ブイ）とクリーニング店の店長（シルヴィオ・オルランド）がふとしたことから出会い、捨てられた赤ちゃんを前に右往左往する話である。人間の根源的な孤独と愛情を突き詰めてそこから生まれる希望を描いた奇跡のような作品で、ルドヴィコ・エイナウディの艶やかな音楽が心に沁《し》みる。そのほかイタリア映画祭では『映画のようには愛せない』(二〇〇四年、V)、『ジュリアは夕べに出かけない』(二〇〇九年)が上映された。

女性監督のフランチェスカ・アルキブージは一九六〇年生まれで『ミニョンにハートブレイク』(一九八八年、V)で長編デビューした。これはローマの家庭にやってきたフランス娘のミニョンとの出会いを一三歳の少年の眼から繊細に描いた佳作である。日本で公開されたのは、マルチェッロ・マストロヤンニ演じる老大学教授の孫や息子の嫁との触れ合いを描く『黄昏に瞳やさしく』(一九九〇年)、小児科医と患者の娘の交流を描く『かぼちゃ大王』(一九九三年)、ウンブリア地方で実際に起きた地震の後で立ち直ってゆく人々を描く『明日、陽《ひ》はふたたび』(二〇〇〇年)などがある。人々が助け合って何とか生きる姿を細やかに描き込む完成度の高い映像に特徴がある。

一九五五年生まれのアレッサンドロ・ダラートリは子役出身で多数のCMを演出した後に、一九九一年に『アメリカから来た男』で長編デビューした。一九三四年の夏を舞台に、イタリアで結婚相手をさがす中年のアメリカ人とイタリア人の青年の珍道中をコミカルに描いた作品で、次のキム・ロッシ・スチュアート主演の『アパッショナート』(一九九四年)と共に日本でも公開された。イタリア映画祭では『彼らの場合』(二〇〇二年)と『マリオの生きる道』(二〇〇五年）が上映されたが、どちらもテレビの司会者で有名なファビオ・ヴォーロが主演し、若者たちの生き方を巧みな語り口で見せた。

これらの監督たちにはもはや鉛の時代の影は感じられず、庶民のささやかな日常を細やかに表現する作品を現在にいたるまで作り続けている。

（四）俳優出身監督と二世監督たち

イタリア映画において俳優が監督になるケースは、有名なデ・シーカを除くと演劇で有名なアルド・ファブリツィやエドゥアルド・デ・フィリッポくらいしかいなかった。しかし八〇年代には俳優出身の監督が何人も登場した。彼らの多くはテレビでも活躍した後に監督業へ進んだ。マッシモ・トロイージは一九五三年生まれで、日本ではマイケル・ラドフォード監督の『イル・ポスティーノ』（一九九五年）の郵便配達役やエットレ・スコーラ監督の『スプレンドール』、『BARに灯ともる頃』（共に一九八九年）の出演で知られる。彼は六〇年代末からナポリで芸人として活動を始め、七〇年代後半からはテレビにも出演しており、イタリアでは有名な存在だった。トロイージはナポリからフィレンツェへ移った男の悲喜劇を描く『三人でやり直し』（一九八一年）から自ら監督・脚本・主演をつとめ、映画を作り始める。本人が話す強いナポリ訛りが、彼の映画の特徴だ。自分の感情をうまく表せない男を描く『遅れてごめんなさい』（一九八二年）、ロベルト・ベニーニとの共同監督・出演の『あとは泣くだけ』（一九八四年）、車椅子で生きる二人の男を描く『限りある神への道』（一九八七年）などを残した。これらは「'88イタリア映画祭」（二〇〇一年以降のものとは異なり、一九八四年、八六年、八八年に開催）で上映された『限りある神への道』以外は日本未公開である。『イル・ポスティーノ』は死期が近いのを知ったトロイージが発案し脚本にも参加した作品で、完成直後に四一歳で亡くなった。

トロイージと『あとは泣くだけ』を共同監督した一九五二年生まれのロベルト・ベニーニも七〇年代からテレビや舞台で俳優や歌手として活躍していた。彼はベルナルド・ベルトルッチの『ルナ』（一九七九年）やマルコ・フェレーリの『マイ・ワンダフル・ライフ』（一九七九年、V）やジム・ジャームッシュの『ダウン・バイ・ロー』（一九八五年）などに出ているが、一九八三年の『心をかき乱す人』（未）から監督も始めた。『小さな悪魔』（一九八八年、未）、『ジョニーの事情』（一九九一年）、『ロベルト・ベニーニのMR.モンスター』（一九九四年、V）と続くが、彼の名が世界に知れ渡るのは『ライフ・イズ・ビューティフル』（一九九七年）である。

この作品は、一九三〇年代のトスカーナ地方を舞台にナチスの強制収容所に入れられる三人家族をユーモアと愛情たっぷりに描き、カンヌで審査員特別賞、アカデミー賞で主演男優賞を

『ライフ・イズ・ビューティフル』(1997年)　写真提供：Everett Collection／アフロ

含む三部門を制覇した。しかしその後の『ピノッキオ』(二〇〇二年)、『人生は、奇跡の詩《うた》』(二〇〇五年)などはあまり話題にならなかった。ちなみに『心をかき乱す人』以来共演を続けるニコレッタ・ブラスキはベニーニの公私にわたるパートナーである。

一九四八年生まれのマウリツィオ・ニケッティはトロイージやベニーニと同じく、監督・主演のコメディを一〇本ほど残している。日本で公開されたのは『シャボン泥棒』(一九八九年)のみである。これは『自転車泥棒』へのオマージュ作品がテレビ放映された際に映画がCMでカットされることに怒る監督(ニケッティ本人)を描きながら、映画とCMと現実が入り混じってゆくシュールなユーモアに溢れた作品である。

ベニーニと同様に最近は俳優としての活躍が多い。

ミケーレ・プラチドは七〇年代からコメンチーニやモニチェッリ、ベロッキオなどの映画に出演しているが、イタリアでは一九八一年に始まったテレビのマフィアを捜査する警察ドラマ『水だこ』の刑事役で有名だ。『プンマロ』（一九九〇年、未）で監督デビューし、イタリア映画祭では『愛という名の旅』（二〇〇二年）が上映され、『野良犬たちの掟』（二〇〇五年）と『裏切りのスナイパー』（二〇一二年）のDVDが発売されている。彼は前述の三人とは異なり、自身の監督作には出演しない。『野良犬たちの掟』（原題は『犯罪小説』）にはステファノ・アッコルシ、キム・ロッシ・スチュアート、ピエルフランチェスコ・ファヴィーノ、クラウディオ・サンタマリアと、この時点で一番イキのいい男優が実在したギャング団を演じ、犯罪を続けながら警察に敗れてゆく様子は相当に見ごたえがある。

また、イタリア映画界には二世監督も多い。どの国でも芸能界には二世が多いが、八〇年代に深刻な不況に陥ったイタリアの映画界はとりわけコネが大きく幅を利かせるようになったのではないか。

俳優ウーゴ・トニャッツィの息子で一九五五年生まれのリッキー・トニャッツィは、父と共に出演した『怪物たち』（一九六三年）をはじめとして多くの映画に出演しているが、一九八九年に『小さな誤解』を監督・主演して以来、九本の劇映画を監督している。これはマッシモ・トロイージやカルロ・ヴェルドーネにも言えることだが、イタリアの喜劇は日本に受けにくく、彼の監督作品は定年で第二の人生を迎える男を本人が演じる『何もかも音楽のせい』（二〇一二年）がイタリア映画祭で上映されただけである。また一九七一年生まれのウーゴ・トニャッツィの娘、マリア・ソーレ・トニャッツィは『近過去』（二〇〇三年、未）で長編デビューし、ホテルの覆面調査員をマルゲリータ・ブイが演じた『はじまりは5つ星ホテルから』（二〇一三年）は日本で公開された。

監督ルイジ・コメンチーニの四人の娘はいずれも映画関係者だが、一九五六年生まれのクリスティーナ・コメンチーニは一九八八年のデビュー作『動物園』（未）以来、父親譲りのユーモアを織り込んだメロドラマを女性の視点から語る。日本で公開された『心のおもむくままに』（一九九五年）はアメリカ留学中の女性が、祖母の死をきっかけにイタリアに戻り、祖母（ヴィルナ・リージ、若い頃はマルゲリータ・ブイ）や母の生き方を知ってゆく過程を描く。イタリア映画祭で上映された『わたしの一番幸せな日』（二〇〇二年）は、幸福な老後を送る女性（ヴィルナ・リージ）の長女（マルゲリータ・ブイ）や次女（サンドラ・チェッカレッリ）、長男（ルイジ・ロ・カーショ）が実はそれぞれに大きな問題を抱えていたという構成だ。さらにそこに孫娘の視点を加えて、『心のおもむくままに』のような女性三代の物語となる。『心の中の獣』(二〇〇五年)では、幸せな結婚生活を送っていた女性(ジョヴァンナ・メッゾジョルノ)がアメリカに住む兄(ルイジ・ロ・カーショ)に会いに行って幼い頃の父親による虐待の事実を知る。ヴェネツィアで主演女優賞を得たジョヴァンナ・メッゾジョルノの繊細な演技がこの作品を力強いものにしている。

一九六一年生まれの妹のフランチェスカ・コメンチーニは、姉とは違って社会派の作品を作り続けている。ドラッグ中毒のカップルを主人公にした『ピアノ』(一九八四年、未)で長編デビューして三本の劇映画を作った後、ドキュメンタリーを数本手がけた。特に『少年、カルロ・ジュリアーニ』(二〇〇二年、未)は、二〇〇一年のジェノヴァ・サミット中に反グローバル運動のデモの最中に死んだ二三歳のカルロ・ジュリアーニを描いたもので、カンヌで上映されて大きな話題を呼んだ。多くの人々が撮影したデモの映像にカルロの母親の語りや彼女が読むカルロの詩が挿み込まれている。次の『ママは負けない』(二〇〇四年)はイタリア映画祭のほかあいち国際女性映画祭などで上映された劇映画だが、ほとんどドキュメンタリーのようだ。ニコレッタ・ブラスキ演じるシングル・マザーのアンナは大企業で働くが、会社がグローバル企業に買収されて閑職に追いやられる。彼女はそれでも戦うが、見ていていたたまれないほどリアリティがある。

『愛と欲望　ミラノの霧の中で』（二〇〇六年、V）からは本格的な社会派ドラマが始まる。『まっさらな光のもとで』（二〇〇九年）、『ふたりの特別な一日』（二〇一二年）といずれもイタリア映画祭で上映されたが、とりわけ『愛と欲望　ミラノの霧の中で』（原題は『わたしたちの家で』）は、ミラノでインサイダー取引をする財界の大物とそれを逮捕しようと追いかける女性警官（ヴァレリア・ゴリーノ）を中心に、金と愛情でいびつに結び付いた人々を描く群像劇の秀作で、お金がすべてを変える社会への監督の怒りが伝わってくる。

ディーノ・リージの息子で一九五一年生まれのマルコ・リージは『一人で生きる』（一九八三年、未）で長編デビューし、二〇本近くを監督している。日本では『永遠のマリー』（一九八八年）が劇場公開され、『モニカ・ベルッチ　ジュリア』（一九九八年）はDVDが出ている。

映画関係者の息子でかつ俳優としてデビューし、監督もつとめるケースもある。映画評論家で『ロッセリーニ』が邦訳されたマリオ・ヴェルドーネの息子で一九五〇年生まれのカルロ・ヴェルドーネは、ベルトルッチの『ルナ』などに出た後、『美しい袋』（一九八〇年、未）で監督デビューし、自ら主演する映画を二〇本以上作っている。日本では『わが人生最良の敵』（二〇〇六年）と『天国は満席』（二〇一二年）がイタリア映画祭で上映されたくらいだ。丸顔で出てくるだけで笑いを誘う姿は、ジョヴァンニ・ヴェロネージ監督の『イタリア的、恋愛マニュアル』（二〇〇五年）、『モニカ・ベルッチの恋愛マニュアル』（二〇〇七年、V）、『昼下がり、ローマの恋』（二〇一一年）の三部作のほか、後述するパオロ・ソレンティーノ監督『グレート・ビューティー　追憶のローマ』（二〇一三年）などで見ることができる。

テレビや舞台で有名になって監督になったり、有名な俳優や監督の二世であるがゆえに監督になったりするのは、八〇年代以降のイタリア映画界の弱さを表しているが、ロベルト・ベニーニやフランチェスカ・コメンチーニのように極めて重要な作品を発表している例もあって、あながち否定はできない。むしろイタリア映画に新しい活力を与えていると言えるかもしれない。

（五）知られざる九〇年代デビュー組の充実

九〇年代にデビューしたイタリア人監督は日本ではあまり知られていない。複数の作品が劇場公開されているのは、パオロ・ヴィルズィとフェルザン・オズペテクである。一九六四年生まれのパオロ・ヴィルズィの映画で日本で公開されたのは、『ナポレオンの愛人』（二〇〇六年）、『人間の値打ち』（二〇一三年）、『歓びのトスカーナ』（二〇一六年）、『ロング，ロングバケーション』(二〇一七年)などである。最初の長編は『すばらしき人生』(一九九三年、未)で、次の『夏休み』(一九九五年、未)と『オヴォソド』(一九九七年、未)が高い評価を得て後者はヴェネツィアで審査員特別賞を得た。イタリア映画祭では『カテリーナ、都会へ行く』(二〇〇三年)、『見わたすかぎり人生』(二〇〇八年)、『はじめての大切なもの』(二〇一〇年)、『来る日も来る日も』(二〇一二年)が上映されている。

ヴィルズィの映画の特徴は、集団の中で自由を求めて生きる人間をユーモアたっぷりに描くことで、『カテリーナ、都会へ行く』は田舎からローマの中学校にやってきたカテリーナの奮闘を爽やかに見せ、『歓びのトスカーナ』ではトスカーナの精神病院から抜け出す二人の女性(うち一人はヴァレリア・ブルーニ・テデスキ)を追いかけ、『ロング、ロングバケーション』ではヘレン・ミレンとドナルド・サザーランドが七〇歳を過ぎた夫婦を演じ、彼らはキャンピングカーで南を目指して自由な旅に出る。

一九五九年、トルコに生まれたフェルザン・オズペテクは七七年にイタリアに移住し、一九九七年に『私の愛したイスタンブール』(未)で監督デビューしたが、すでにこの作品に同性愛を含む巧みな恋愛劇やイタリアに対する外国人の複雑な感情が表現されている。日本で公開されたのは『ラスト・ハーレム』(一九九九年)、『あしたのパスタはアルデンテ』(二〇一〇年)、

『カプチーノはお熱いうちに』（二〇一四年）で、『ナポリ、熟れた情事』（二〇一七年）は配信およびDVD発売されている。イタリア映画祭では『無邪気な妖精たち』（二〇〇一年）、『向かいの窓』（二〇〇三年）、『聖なる心』（二〇〇五年）、『対角に土星』（二〇〇七年）、『異人たちの棲《す》む館』（二〇一三年、V）とほぼすべての作品が上映されている。どの作品を見ても恋愛の諸相がサスペンスたっぷりに巧みに描き込まれており、今のイタリアで一番ハズレのない監督かもしれない。

日本では劇場公開作品がないが、この世代で最も重要な存在は、マリオ・マルトーネだろう。一九五九年ナポリ生まれで七〇年代からナポリで演劇活動を始め、俳優トニ・セルヴィッロと組んで劇団を作った。最初の長編は『ナポリの数学者の死』（一九九二年、未）で、二〇世紀前半に実在した狂人と紙一重の数学者を描き、ヴェネツィアで審査員特別賞を受賞した。マルトーネはイタリア各地の劇場の芸術監督をつとめ、ミラノのスカラ座をはじめとしてオペラの演出も手がけながら、映画を撮り続けた。二〇〇九年には東京の新国立劇場のヴェルディ『オテロ』の演出で来日している。

イタリア映画祭では『戦争のリハーサル』（一九九八年）、『われわれは信じていた』（二〇一〇年）、『レオパルディ』（二〇一四年）、『カプリ島のレボリューション』（二〇一八年）、『笑いの王』

（二〇一一年）が上映された。『戦争のリハーサル』は、サラエボでの公演を準備中のナポリの劇団のリハーサルを描くが、次第に現実と演劇の区別がつかなくなる。『笑いの王』は二〇世紀初頭のナポリの喜劇王、エドゥアルド・スカルペッタの日々を描いた。スカルペッタを演じたのはかつて演劇でマルトーネと組み、彼の『ナポリの数学者の死』で初めて映画に出た盟友トニ・セルヴィッロ。三人の実子と三人の庶子に芝居を手ほどきしながら、濃密なナポリ方言で喜劇を演じて歌い、詩人ダヌンツィオとの裁判に勝ち抜く姿は感動的だ。基本的に舞台演出家であるマルトーネの映画作品は、ナポリ演劇と深く関わるこの二本で本領が発揮されている。

そのほか、注目に値する監督を挙げておきたい。一九五六年生まれのダヴィデ・フェラーリオは一九八九年に『夜の終り』（未）でデビューし、『トリノ、24時からの恋人たち』（二〇〇四年）が日本でも劇場公開された。これはトリノ映画博物館で夜警をする青年の冒険を描いた映画愛溢れる佳作である。イタリア映画祭ではプリモ・レーヴィのナチ収容所からの帰還をたどるドキュメンタリー『プリモ・レーヴィの道』（二〇〇六年）と刑務所で囚人に演劇を教える『それもこれもユダのせい』（二〇〇八年）の二本の異色作が上映された。一九六五年生まれのエマヌエーレ・クリアレーゼは『海と大陸』（二〇一一年）が劇場公開されたほか、『グラツィアの島』（二〇〇二年）と『新世界』（二〇〇六年）がイタリア映画祭で公開されている。いずれも南イタリアの過酷な自然とそこに生きる人々をリアリティとファンタジーを交えて見せる点に特徴がある。

一九六二年生まれの女性監督、ロベルタ・トッレはシチリアのマフィアをミュージカル仕立てで見せた『死ぬほどターノ』（一九九八年、未）で話題を集め、イタリア映画祭でも上映された。その路線で作られた『サウス・サイド・ストーリー』（二〇〇〇年、未）の後の『アンジェラ』（二〇〇二年、未）はマフィアのボスの妻を描いた異色のドラマで東京国際映画祭で上映された。最新作『ファビュラスな人たち』（二〇二二年、未）はトランスジェンダーの中年たちをコミカルに描き、同映画祭で上映された。

トッレの三作品の撮影監督をつとめたダニエレ・チプリはフランコ・マレスコと共同で監督をして多くの作品を残している。『ブルックリンのおじさん』（一九九五年）は日本で劇場公開され、『カリオストロの帰還』（二〇〇三年）と『それは息子だった』（二〇一二年、チプリ単独監督）はイタリア映画祭で上映された。彼らのスタイルはマフィアやベルルスコーニが力を持つシチリアを強烈なブラックユーモアで描くもので、それはドキュメンタリー作品にも共通している。二〇〇八年からはそれぞれ単独で活躍しているが、どちらも政治的にも芸術表現的にも「前衛」と呼ぶに相応《ふさわ》しい活動を続けている。

エドアルド・ウィンスピアは一九六五年にオーストリアに生まれ、南イタリアのプーリア州で映画を作っている。一九九六年に『ピッツィカータ』（未）でデビューし、『血の記憶』（二〇〇〇年）と『ともに歩む人生』（二〇一八年）が劇場公開された。『トニオの奇跡』（二〇〇三年）、『神の恩寵《おんちょう》』（二〇一四年）はイタリア映画祭で上映されている。『血の記憶』はプーリアの小さな街でマフィアとつながって密輸に従事する兄とタンバリン奏者として生きようとする弟の暗《あん》澹《たん》たる日々を描いた傑作である。一九五五年にチリに生まれたマルコ・ベキスはミラノを中心に活動をしており、『アランブラード』（一九九一年、未）で長編デビュー。イタリア映画祭ではアルゼンチンでの一九七〇年代から八〇年代の子供の拉致を扱った『子供たち』（二〇〇二年）とブラジル奥地の先住民と入植者の関係を描く『赤い肌の大地』（二〇〇八年）が上映されている。

一九五五年生まれのミンモ・カロプレスティは、ナンニ・モレッティがプロデュースした『二度目』（一九九五年、未）で長編デビューした。イタリア映画祭ではヴァレリア・ブルーニ・テデスキやジェラール・ドパルデューが出演する『愛の言葉を信じて』（一九九八年）が上映されている。一九四九年生まれの女性監督、ヴィルマ・ラバーテは七〇年代からドキュメンタリーを手がけてきたが、『アンブロージョ』（一九九二年、未）で長編デビューし、『ぼくらの世代』（一九九六年）はイタリア映画祭で上映された。シチリアの刑務所から恋人の待つミラノに移送される元活動家を描き、学生運動世代への挽歌のような映画となった。一九四〇年生まれのアントニオ・カプアーノは一九九一年に監督デビューし、『赤い月の夜』（二〇〇一年）がイタリア映画祭で上映された。彼は次章で述べるパオロ・ソレンティーノの師である。一九六四年生まれのジャンルカ・マリア・タヴァレッリは『私を外に連れていって』（一九九四年、未）で長編デビューし、日本ではテレビ用の六時間ドラマ『ジョルダーニ家の人々』（二〇一〇年）が劇場公開された。

日本ではイタリアのコメディ作品があまり公開されない傾向にあるが、イタリア国内でヒットを続けている監督たちにも触れておきたい。ジョヴァンニ・ヴェロネージは脚本家として有名だが、『マラマオ』（一九八七年、未）で監督デビューし、二〇本近くを監督している。日本では『イタリア的、恋愛マニュアル』（二〇〇五年）、『モニカ・ベルッチの恋愛マニュアル』（二〇〇七年、V）、『昼下がり、ローマの恋』（二〇一一年）の「恋愛マニュアル」三部作が公開され、『無用のエルネスト』（二〇一二年）がイタリア映画祭で上映された。どれも万人が楽しめる喜劇だ。

ヴェロネージは前述のカルロ・ヴェルドーネをはじめとして、レオナルド・ピエラッチョーニやフランチェスコ・ヌーティなどの器用な俳優兼監督に多くの脚本を提供している。ピエラッチョーニは一九八〇年代にテレビで俳優として有名になったが、ヴェロネージと共同脚本の『卒業生たち』（一九九五年、未）を主演で初監督しヒットした。二人の共同脚本による『踊れトスカーナ！』（一九九七年）はその年のイタリアの興行収入の一位となり、日本でも公開された。監督作品は一〇本を超える。ヌーティは七〇年代に芸人として活躍した後に八〇年代から映画に出演しており、八五年に初監督作『カサブランカ、カサブランカ』（未）で主演を兼ねた。彼の映画の多くにヴェロネージが脚本参加しているが、残念ながら日本での上映作品はない。

八〇年代から九〇年代のイタリア映画は大きな不況に陥り、日本での公開本数も一挙に少なくなった。しかし自主制作映画の形でモレッティが道を切り開くなかから、トルナトーレの『ニュー・シネマ・パラダイス』や俳優出身のベニーニの『ライフ・イズ・ビューティフル』のような世界的ヒットも生まれている。そのほかにも独自の世界を切り開く若手監督は続々と生まれてきた。

第八章　二一世紀のイタリア映画

（一）彗星《すいせい》のごとく現れたガッローネとソレンティーノ

二〇世紀末から二一世紀にかけて、イタリア映画は再び活況を迎えた。ロベルト・ベニーニの『ライフ・イズ・ビューティフル』が一九九九年のアカデミー賞で主演男優賞を含む三部門を受賞し、二〇〇一年のカンヌではナンニ・モレッティの『息子の部屋』がパルム・ドールを得た。

また二〇〇一年は日伊両政府の協定によって決まった「日本におけるイタリア2001年」が開催された年でもある。それをきっかけに始まったのが、再三言及しているイタリア映画祭である。ただ、この頃はまだマッテオ・ガッローネとパオロ・ソレンティーノの二人が二一世紀初頭のイタリア映画を牽引するとは誰も思わなかった。現代のイタリア映画を代表する監督は、あまりにも突然に現れた。

一九六八年生まれのガッローネは、一九九六年に『まん中の土地』（未）で長編デビューしている。これは三部構成でナイジェリアの娼婦たち、ヤミの肉体労働で生きるアルバニアの青年たち、夜間のガソリンスタンドで働くエジプト人を追いかけたもので、現代イタリアの暗黒を当たり前の光景のように見せた。次の『ゲスト』（一九九八年、未）はカフェで働く二人のアルバニア人を描き、『ローマの夏』（二〇〇〇年、未）はローマに久しぶりに戻った女性の当惑を追った。マイナーな人々をリアルでありながら詩的な感受性をもって描いた。

ガッローネがメジャーな存在となったのは、カンヌの監督週間で上映された『剝製師』（二〇〇二年、未）からで、これはイタリア映画祭でも上映され、中年のゲイの剝製師を演じるエルネスト・マイウーの生み出す魔術的な雰囲気が話題を呼んだ。痩せた女が好きな男とそのために食事を減らす女の奇妙な日々を描く『初恋』（二〇〇四年、未）はベルリンのコンペで上映され、次の『ゴモラ』（二〇〇八年）はカンヌで審査員グランプリを取り高い評価を得た。これはロベルト・サヴィアーノのノンフィクション『死都ゴモラ』を映画化したもので、カモッラの実態を詳細に描いたことで作家は脅迫を受けて海外に逃げている。映画は原作から五つの物語を取り出し、敵対する組織の抗争と裏切りの代償、有害廃棄物の違法な処理、中国人を使ってブランドそっくりの服を作る組織、組織に属さない若者の暴発などを次々に見せる。組織に操られ、翻弄される人々を手持ちのカメラが生々しく追いかけ、映画を見ているうちに登場人物たちの不安が体感として伝わってきて、暗澹たる気持ちになる。

カンヌでグランプリを得た『リアリティー』（二〇一二年、V）は日本で劇場公開されなかったものの、東京国際映画祭とイタリア映画祭で上映された。テレビで人気の素人参加のリアリティ・ショー「ビッグ・ブラザー」に参加したナポリの下町で魚屋を営む男は、一次審査を通過してローマでの二次審査に行く中で、次第に現実とテレビの区別がつかなくなる。誇張した喜劇のようでダークな世界をうかがわせるガッローネならではの演出だった。『五日物語 3つの王国と3人の女』（二〇一五年）と『ほんとうのピノッキオ』（二〇一九年）は共に有名な原作をもとにした万人向けのファンタジー作品。『五日物語』は初めての英語による作品で、サルマ・ハエック、ヴァンサン・カッセル、ジョン・C・ライリー、トビー・ジョーンズ出演。どちらもダークな闇の世界を描いたところがガッローネらしい。その間の『ドッグマン』（二〇一八年）は、ローマ郊外の海岸沿いでドッグサロンを営む真面目な男マルチェッロと暴力的な友人シモーネの奇妙な共依存関係を描く。誰にも起こり得る悲喜劇だが、ずっしりと重い。

一方、一九七〇年ナポリ生まれのソレンティーノは、隠された現実を見せることに執着するガッローネと違い、華麗なカメラワークを駆使して、神話的な世界を作り上げる。彼はアントニオ・カプアーノ監督の映画スタッフをつとめた後に短編を数本作り、『もうひとりの男』(二〇〇一年)で長編劇映画にデビューするが、最初の作品からその個性は明らかだ。同じ名前の歌手とサッカー選手を交互に写し、その栄光と没落を長回しのカメラで優雅に見せた。冒頭の海底でタコを捕る二人の男のシーンにすでにその独自の美学は現れている。歌手を演じたトニ・セルヴィッロはすでに前述のマリオ・マルトーネの映画に出演していたが、この作品からソレンティーノの映画に出続けることで監督と共に世界的に有名になった。

日本で最初に上映されたのはイタリア映画祭で『愛の果てへの旅』(二〇〇四年、未)だった。トニ・セルヴィッロ演じる謎の紳士が繰り広げる不可思議なサスペンスに心底驚いた記憶がある。出会うバーの女やホテルの支配人、銀行員、マフィアにいたるまですべての人物が不自然なまでに様式的に描かれた。この作品以降、カンヌのコンペで上映されるのが通例となる。『家族の友人』(二〇〇五年、未)は一転してケチで下品な高利貸しの奇妙な生活をブラックユーモアで描いた。続く『イル・ディーヴォ　魔王と呼ばれた男』(二〇〇八年)は首相を七期もつとめた戦後イタリアを代表する政治家、ジュリオ・アンドレオッティの生涯を流れるようなスタイリッシュな映像で描き、カンヌの審査員賞を受賞した。この年のカンヌはガッローネの

『ゴモラ』が審査員グランプリを受賞したこともあり、久しぶりにイタリア映画の復活が語られた。

この作品を気に入った審査委員長のショーン・ペンがソレンティーノに提案して製作したのがペン主演の『きっとここが帰る場所』(二〇一一年)で、初めての英語での作品となった。ペンが引きこもりのロック・シンガーを演じ、父の危篤を機にアメリカに戻って旅をする姿を抒情たっぷりに描いた。アカデミー賞の外国語映画賞を受賞した『グレート・ビューティー　追憶のローマ』(二〇一三年)は、ローマを彷徨う初老の評論家の倦怠を優雅に描き、往年のフェリーニを思わせた。『グランドフィナーレ』(二〇一五年)は再び英語の作品でマイケル・ケインが引退した指揮者を演じた。続く『LORO　欲望のイタリア』(二〇一八年)ではベルルスコーニを描くことに挑戦してトニ・セルヴィッロが演じたが、この監督にしては物足りなさが残った。次のネットフリックス製作の『The Hand of God』(二〇二一年)は、これまでの派手な主人公の物語から打って変わってナポリの自らの少年期を振り返る静かな作品となったが、ヴェネツィアで審査員グランプリを得た。ソレンティーノの師のアントニオ・カプアーノを本人役で登場させたのも感動的だった。

（二）大衆的な人気を誇るムッチーノとグァダニーノ

ガッローネやソレンティーノのようにカンヌに出品されて批評家に評価されるのではなく、一般の観客に支持される形で新世紀の世界の舞台に躍り出たのがガブリエレ・ムッチーノとルカ・グァダニーノである。

一九六七年生まれのムッチーノは映画実験センターに通い、短編を作りためて、九八年に『これが真実』（未）でデビューして翌年には『君が最高』（未）を発表する。彼が注目されたのは、『最後のキス』（二〇〇一年）がイタリア国内で六か月ロングランの大ヒットをしてからである。日本の「トレンディ・ドラマ」のように、三〇歳目前の悩める男性五人（中心はステファノ・アッコルシ）とその母親三人の恋物語を機関銃のようなセリフと華麗に動き回るカメラで見せた。二〇〇一年の二月に公開されたこの作品をめぐり、その年の五月に開かれた第一回のイタリア映画祭で来日した年上の監督たちがみな当惑していたことを思い出す。映画はイタリアのアカデミー賞であるダヴィッド・ディ・ドナテッロ賞で監督賞を含む五部門で受賞し、二〇〇六年にアメリカでリメイクされた。ファブリツィオ・ベンティヴォリオとラウラ・モランテ主演の『リメンバー・ミー』（二〇〇三年）は『最後のキス』よりもずっと落ち着いたタッチだったが、この二本を評価したウィル・スミスの誘いでハリウッド進出をする。

ウィル・スミス製作・主演の『幸せのちから』（二〇〇六年）は米メジャーのコロンビア映画だったが、苦労を重ねながら証券会社で働くことになる主人公クリスの半生を手堅く演出し、彼を演じたウィル・スミスはアカデミー賞で主演男優賞にノミネートされた。続く『7つの贈り物』（二〇〇八年）もウィル・スミス主演でほぼ同じスタッフでコロンビア映画として製作され、こちらもヒット作となった。いったんイタリアに戻り、『もう一度キスを』（二〇一〇年）で『最後のキス』の続編を成功させたかと思うと、ジェラルド・バトラー主演の『スマイル、アゲイン』（二〇一二年）とラッセル・クロウ主演の『パパが遺した物語』（二〇一五年）をハリウッドで撮り上げた。再びイタリアに戻り、英語作品『夏の日』（二〇一六年、未）、『家族にサルーテ！ イスキア島は大騒動』（二〇一八年）、『離ればなれになっても』（二〇二〇年）と撮り続けている。

他方、一九七一年生まれのグァダニーノは、ムッチーノのように多くの登場人物を巧みに操って人間ドラマを組み立てるのではなく、同性愛を含む愛と性の過程を官能的に描くことにたけている。九〇年代後半にドキュメンタリーを作り始め、一九九九年に最初の長編『ザ・プロタゴニスツ』（未）をヴェネツィアに出品している。ロンドンで映画を撮るイタリア人たちを描いた作品だが、後に彼の映画の常連となるティルダ・スウィントンが若い映画のスタッフたちを導くような役でナレーションも兼ねている。謎めいた雰囲気とミュージック・ビデオのような鮮やかな色彩と目まぐるしい編集は、それ以降の作品に引き継がれる。次の『メリッサ・P 青い蕾《つぼみ》』（二〇〇五年）は性に目覚める女子高生を描くベストセラー小説の映画化である。

ティルダ・スウィントンが製作・主演、監督グァダニーノが原案・脚本・製作を兼ねた『ミラノ、愛に生きる』（二〇〇九年）から、監督自ら「欲望の三部作」と呼ぶ代表作が始まる。『ミラノ、愛に生きる』ではティルダ・スウィントンが息子の友人の料理人と恋に落ちるさまを描き、『胸騒ぎのシチリア』（二〇一五年）でもシチリアの避暑地で過ごすロックスターを彼女が演じ、若い恋人やかつての恋人を交えた恋愛ドラマを見せる。『君の名前で僕を呼んで』（二〇一七年）は年上の男性との愛に目覚める一七歳の青年をティモシー・シャラメが演じて話題になった。この三本は『君の名前で僕を呼んで』がアカデミー賞の作品賞にノミネートされたのをはじめとして多くの映画賞で受賞やノミネートを得ている。また『胸騒ぎのシチリア』も『君の名前で僕を呼んで』もイタリアを舞台にしながら大半が英語で、まるで外国の監督がイタリアで撮影した映画のように思われるのも特徴である。次作の『サスペリア』（二〇一八年）はダリオ・アルジェント作品のリメイクだが、賛否両論を呼んだ。テレビシリーズの『僕らのまま

『君の名前で僕を呼んで』(2017年)　写真提供：Photofest／アフロ

で WE ARE WHO WE ARE』(二〇二〇年)は、日本でも配信されて好評を得た。最新作のティモシー・シャラメ主演『ボーンズ アンド オール』は二〇二二年のヴェネツィアで監督賞を受賞し、三大映画祭のコンペで初の栄冠を得た。

ムッチーノもそうだが、グァダニーノは多くのミュージック・ビデオやCMを手がけていることでも知られており、こうしたポップカルチャーとの混交も世界中のファンから支持される理由だろう。

(三) 二一世紀のレアリズモ

二〇一〇年代になって、ドキュメンタリーやそれに近い劇映画で、一見地味なしかし力強いレアリズモを見せる若手監督が現れた。定点観察のようにイタリア各地の街や自然に密着し、その奥にある人間や社会の構造をのぞかせる。その代表が『ローマ環状線、めぐりゆく人生たち』で、二〇一三年のヴェネツィアでドキュメンタリーとして初の金獅子賞を得たジャンフランコ・ロージである。GRAと呼ばれる環状線の近くに住むさまざまな人々の日常を追いかけた作品だが、そこから今のイタリアの抱える多重的な問題がくっきりと見えてくる。

一九六四年生まれのロージは二〇〇八年に長編ドキュメンタリー『海面の下で』（未）を発表していたが、この作品で忽然《こつぜん》と世界にデビューした。続く『海は燃えている　イタリア最南端の小さな島』（二〇一六年）はランペドゥーサ島に次々に現れる難民のボートを少年の眼から描いたものでベルリンで金熊賞を受賞し、アカデミー賞の長編ドキュメンタリー賞にノミネートされた。二〇二〇年『国境の夜想曲』はイラク、クルディスタン、シリア、レバノンの国境地帯で撮影したもので、場所を示さず廃墟に残された人々を巡るスタイルが際立っている。

同じように国際映画祭で話題になったわずか三本の作品で一挙に巨匠の域に達したのが、一九八〇年生まれのアリーチェ・ロルヴァケルである。姉のアルバ・ロルヴァケルはシルヴィオ・ソルディーニやプーピ・アヴァーティなどの映画に出て知られていたが、妹のアリーチェの初長編劇映画は『天空のからだ』（二〇一一年）でカンヌの監督週間に出品されて国内でも複数の新人監督賞を取った。スイスから南イタリアのレッジョ・カラブリアへやってきた一三歳の少女マルタが、堅信式の日を迎えるまでの不安な日々を教師や神父との葛藤の中で見せるが、主人公の心と体と共に呼吸するような映像は神話的次元に達している。次の『夏をゆく人々』（二〇一四年）は、トスカーナを舞台に養蜂家一家の四人姉妹の長女ジェルソミーナが新しい世界へ踏み出すさまを静かに見せて、カンヌで審査員グランプリを得た。二〇一八年の『幸福なラザロ』はカンヌで脚本賞を受賞したが、この作品で二〇世紀末と現在の二つの時代の変化を、聖なる存在の青年ラザロを軸に象徴的に描き、新しい境地を見せた。

一九七六年生まれのピエトロ・マルチェッロ監督のイタリア映画祭で上映された『失われた美』（二〇一五年、未）にも、ロルヴァケルに似た魔術的なレアリズモが感じられる。この監督は長編ドキュメンタリー『狼の口』（二〇〇九年、未）がベルリンでカリガリ賞を受賞しているが、初の劇映画『失われた美』は古城を修復する男と道化師、彼らが育てる牛たちを、マフィアやそれに従う人々と対峙《たいじ》させて、滅びゆく人間性を抒情たっぷりに描く。劇場公開された『マーティン・エデン』（二〇一九年）は一転して小説家志望の貧乏な青年を描くドラマだが、そこにも古きよきイタリアへのロマンが感じられる。

そのほかこの世代で作品が日本公開された監督では、『四つのいのち』（二〇一〇年）のミケランジェロ・フランマルティーノ監督や『わたしはダフネ』（二〇一九年）のフェデリコ・ボンディ監督、『やがて来たる者へ』（二〇〇九年）のジョルジョ・ディリッティ監督、『ある海辺の詩人　小さなヴェニスで』（二〇一一年）のアンドレア・セグレ監督にドキュメンタリーと劇映画を行き来する感覚を感じる。フランマルティーノ監督は『恵み』（二〇〇三年、未）で長編デビューしており、三本目の『洞窟』（二〇一九年、未）はヴェネツィアで審査員特別賞を得て東京国際映画祭で上映された。『四つのいのち』はセリフもなく、羊飼い、羊たち、木々、炭など山村にあるすべてを平等に写してゆく。フェデリコ・ボンディ監督はドキュメンタリー数本の後に『黒い海』（二〇〇八年、未）で長編劇映画デビューして、ダウン症の娘と父親のコミュニケーションを描く『わたしはダフネ』でベルリンで国際批評家連盟賞を取った。

ジョルジョ・ディリッティ監督はドキュメンタリーを経て『風は好きなところに吹く』（二〇〇五年、未）でデビューしたが、『やがて来たる者へ』は第二次世界大戦末期のドイツ軍の虐殺を言葉が話せない娘の視点から見せる血も凍るような作品である。アンドレア・セグレ監督は二〇〇三年以降ドキュメンタリーを作ってきたが、最初の劇映画『ある海辺の詩人　小さなヴェニスで』が公開された。ヴェネツィアの近くの港町の酒場で働く若い中国人女性とスラブ系移民の出会いを繊細に描いた作品である。

そのほかイタリア映画祭のみで上映された監督では、『スリー・ステップ・ダンス』（二〇〇三年）と『ソネタウラ』（二〇〇八年）のサルヴァトーレ・メレウ、『地中海』（二〇一五年）、『チャンブラにて』（二〇一七年）、『キアラへ』（二〇二一年）のジョナス・カルピニャーノ、『日常のはざま』（二〇一二年）、『侵入する女』（二〇一七年）、『内なる檻《おり》』（二〇二一年）のレオナルド・ディ・コスタンツォ、『黒の魂』（二〇一四年、V）のフランチェスコ・ムンツィらも新世紀のレアリズモの系譜に加えることができるのではないか。メレウの『ソネタウラ』は、サルデーニャの羊飼いが警察を避けて山に逃げるという設定も含めて、ヴィットリオ・デ・セータの『オルゴソロの盗賊』（一九六一年）の続編のようだ。

(四) 二〇一〇年代の娯楽映画

日本にやってくるイタリア映画はモレッティのように作家性の強い監督の映画か、ジャンフランコ・ロージのような社会派の映画が多いが、最近は娯楽作品、とりわけ喜劇の劇場公開が増えた。おそらく世界のグローバル化によって描くテーマも日本と似通ってきたからかもしれない。一九八一年生まれのシドニー・シビリアは短編やCM数本の後に、不遇な研究者たちが集まって壮大な仕返しをする『いつだってやめられる　7人の危ない教授たち』（二〇一四年）

でデビューし、続編の『いつだってやめられる　10人の怒れる教授たち』（二〇一七年）と『いつだってやめられる　闘う名誉教授たち』（二〇一七年）の三部作が日本で公開されている。三本とも高学歴だがポストがないという研究者の世界的な社会問題を集団劇の形でユーモアたっぷりに見せた。次の『ローズ島共和国　小さな島の大波乱』（二〇二〇年）はネットフリックス製作で日本でも見られる。

似たタイプの映画を作るのは『人生、ここにあり！』（二〇〇八年）が公開されたジュリオ・マンフレドニア監督で、精神病院の元患者たちが集まって活躍する姿をユーモアたっぷりに描いた。一九六七年生まれのこの監督は二〇〇〇年に『もし君に』（未）で長編デビューしているが、イタリア映画祭で上映された『僕たちの大地』（二〇一四年）ではマフィアと戦って農業を始める人々の群像劇を見せた。

同じ群像劇でも、一九六六年生まれのパオロ・ジェノヴェーゼは現代人らしい悩みを見せる。『おとなの事情』（二〇一六年）では夕食に集まった七人の男女がスマホをきっかけに互いの秘密を知ることになり、『ザ・プレイス　運命の交差点』（二〇一七年）では相談所に集まった九人の人生が絡み合う。イタリア映画祭では『スーパーヒーローズ』（二〇二一年、未）が上映された。エリート層の孤独を描くのは一九五八年生まれのリッカルド・ミラーニで、女性建築家の生きづらさを描く『これが私の人生設計』（二〇一四年）が公開された。

家族の難しさを描くのは一九六六年生まれのイヴァーノ・デ・マッテオで、四〇歳の男の転落を描く『幸せのバランス』（二〇一二年）、夫の暴力を逃れてローマからトリノに移住する母子を描く『はじまりの街』（二〇一六年）が公開された。一九六一年生まれのフランチェスコ・ブルーニはパオロ・ヴィルズィ作品をはじめとして脚本家として名高いが、自ら監督した『ブルーノのしあわせガイド』（二〇一一年）が公開された。この映画は突然一五歳の自分の息子と暮らすことになる五〇代の男をコミカルに描いた。

一九六八年生まれのマルコと七〇年生まれのアントニオの兄弟、マネッティ・ブラザーズ（イタリア語でもBros.と書く）は数多くのミュージック・ビデオを手がけた後に二〇〇〇年から映画の監督を始め、現れた宇宙人がなぜか中国人という『宇宙人王《ワン》さんとの遭遇』（二〇一一年）やマフィアの抗争をミュージカル調で描く『愛と銃弾』（二〇一七年）が公開された。SF的なアクションは、一九七六年生まれのガブリエーレ・マイネッティの『皆はこう呼んだ、鋼鉄ジーグ』（二〇一五年）にも共通する。こちらは日本の漫画とアニメ『鋼鉄ジーグ』をモチーフにした奇想天外な作品である。ルカ・ミニエーロ監督のムッソリーニが現代に蘇る『帰ってきたムッソリーニ』（二〇一八年）はドイツの小説と映画の『帰ってきたヒトラー』（映画は二〇一五年）の翻案ではあるが、自由奔放なファンタジーに近いユーモアは共通しているかもしれない。

かっちりと構成された見ごたえのあるサスペンスを作る監督として一九五九年生まれのロベルト・アンドーを挙げておきたい。日本では『そして、デブノーの森へ』（二〇〇四年）、『ローマに消えた男』（二〇一三年）、『修道士は沈黙する』（二〇一六年）、『盗まれたカラヴァッジョ』（二〇一八年）の四本が公開されている。サスペンスでは一九六七年生まれでナンニ・モレッティなどの助監督をつとめたアンドレア・モライヨーリ監督の『湖のほとりで』（二〇〇七年）も公開されている。彼の『至宝　ある巨大企業の犯罪』（二〇一一年）と『ＳＬＡＭ　スラム』（二〇一六年）は配信されている。また、ちょっと不思議なポップな世界を描く女性監督としてスザンナ・ニッキャレッリがいる。日本で公開された『ミス・マルクス』（二〇二〇年）はカール・マルクスの娘の生き方をパンクロックに乗せて描いた異色作で全編が英語の作品である。

（五）俳優たちの監督業

今世紀も監督業に進出する俳優は多い。ハリウッドをはじめとして外国での出演も多いヴァレリア・ゴリーノは、『ミエーレ』（二〇一三年）で初監督をした。これは安楽死を手伝う三〇代の女性（ジャズミン・トリンカ）を描き、次の『幸せな感じ』（二〇一八年）では死期の近い教師の兄（ヴァレリオ・マスタンドレア）と成功した実業家の弟（リッカルド・スカマルチョ）の関係を描いた。共にイタリア映画祭で上映されたのみだが、自らは出演せず「死」をテーマにしたシリアスな二本は驚きを残した。『おとなの事情』、『甘き人生』（二〇一六年）、『フォンターナ広場 イタリアの陰謀』などへの出演で今世紀のイタリア映画を代表する俳優ヴァレリオ・マスタンドレアは、イタリア映画祭で上映の『彼女は笑う』（二〇一八年）で監督デビューした。これも労働者の死と葬式までの遺族の一日を描いた生真面目な作品だった。

ベロッキオ監督の『母の微笑』（二〇〇二年）や『結婚演出家』（二〇〇六年）、トルナトーレの『明日を夢見て』（一九九五年）など秀作に出演したセルジオ・カステリットは『赤いアモーレ』（二〇〇四年）で監督デビューした。これは自らが主人公の外科医を演じ、若い貧しい女性（ペネロペ・クルス）との悲劇に終わる不倫を描いている。次の『ある愛へと続く旅』（二〇一二年）では自らは出演せず、ペネロペ・クルスに学生から中年になるまでを演じさせている。この二本は日本で劇場公開された。

テレビの司会などで有名なピエルフランチェスコ・ディリベルト（通称「ピフ」）は、初監督で主演を兼ねた『マフィアは夏にしか殺《や》らない』（二〇一三年）が日本で公開された。『いつだってやめられる』三部作に主演したエドアルド・レオは『どうってことないさ』（二〇一六年）を監督し公開された。喜劇役者で多数の娯楽映画に出演したロッコ・パパレオには三本の監督作品があり、『南部のささやかな商売』（二〇一三年）はイタリア映画祭で上映された。

フェリーニの『インテルビスタ』で若きフェリーニ役を演じたセルジオ・ルビーニは、日本でも公開された『殺意のサン・マルコ駅』（一九九〇年）が最初の監督作品で、現在までに一〇本ほどを監督しながら同時に『イタリア的、恋愛マニュアル』などで俳優としても活躍を続けている。

ロック歌手で有名なルチャーノ・リガブエは『ラジオフレッチャ』（一九九八年）、『メイド・イン・イタリー』（二〇一八年）の二本を監督し、イタリア映画祭で上映されている。どちらもステファノ・アッコルシ主演で、リガブエの出身地のエミリア＝ロマーニャで生きる若者たちの姿を描いている。往年の名優、ヴィットリオ・ガズマンの息子、アレッサンドロ・ガズマンは一〇代から俳優として活躍しており、オズペテクの長編第一作『私の愛したイスタンブール』や『盗まれたカラヴァッジョ』で主役を演じている。監督としても二〇一三年の『ひどい人種』（未）に始まって四本がある。

二一世紀以降のイタリア映画は、八〇年代から九〇年代にかけての映画不況を振り切るかのように、国際映画祭でガッローネとソレンティーノが受賞を重ね、商業的にはムッチーノとグァダニーノが世界的なヒットを飛ばした。二〇一〇年代になるとロージやロルヴァケルが新たなレアリズモ映画を展開し、一方で喜劇映画も充実してきた。もともとイタリア映画は、ネオレアリズモを生んでそれを長年継承しながら、同時に歴史大作やイタリア式西部劇やホラーを生んできたように、イタリアは芸術性と商業性の両方にまたがる「映画大国」だった。二一世紀もその王道は続いてゆく。

あとがき

私がこの本を書いたきっかけは、すべて二〇〇一年にある。この年に「日本におけるイタリア2001年」をやるので企画を出して欲しい、と東京のイタリア大使館から朝日新聞社の文化事業部に依頼があったのは、その三年前だった。私はイタリア映画の新作選とイタリア映画史をたどる特集の二つの映画祭を提案した。それは三年後のゴールデンウイークの有楽町朝日ホールの「イタリア映画祭2001」と一一月から翌年二月までの東京国立近代美術館フィルムセンター（現・国立映画アーカイブ）の「イタリア映画大回顧」という形で実現した。その時に準備も含めて見た映画と出会った人々によってこの本の基礎ができ上がった。

どちらもその年限りの企画だったが、イタリア映画祭の方はイタリア側から続けてくれと懇願されて毎年開催することになり、今も続いている。始めるにあたっては、イタリア語に堪能で現代イタリア映画に詳しい岡本太郎さんに相談し、二人で作品を選ぶことになった。岡本さんは現代のイタリア映画をまったく知らない私に、丁寧に注目すべき監督や作品を教えてくれた。実現した時には、彼は毎年映画祭のカタログに長文のエッセイを書き、イタリアに行って監督や俳優たちにインタビューをして素敵な写真と共に寄稿してくれた。

私の方は一九九八年から毎年ヴェネツィア国際映画祭に行き、その後にローマのチネチッタで試写を組んでもらい、さらに追加でVHSを送ってもらって年に三〇本を超すイタリア映画を見る日々が始まった。私は社内異動で二〇〇七年までしか担当していないが、その後は後輩の松浦敬さんが引き継ぎ、今も担当している。もはや彼の方が長くなったが、その毎年のカタログがこの本に役立ったのは言うまでもない。それにしても、イタリア映画祭の仕事は楽しかった。

イタリア映画大回顧では、ローマの映画実験センターにあるチネテーカ・ナチオナーレ（国立映画アーカイブ）から、五五本の映画を借りて上映した。作品を選ぶのにチネテーカ代表のアドリアーノ・アプラさんに加えて、日本側で五人の委員会を作った。主催者のフィルムセンターの大場正敏主幹、岡島尚志《ひさし》主任研究員（現在は国立映画アーカイブ館長）と新聞社の私に、古今のイタリア映画に詳しい柳澤一博さんと吉岡芳子さんに参加してもらい、アプラさんから来た暫定リストに意見を述べてみんなで上映作品を決めた。

特に柳澤一博さんにはカタログにも文章を書いてもらったうえ、その後も仕事でお世話になり、さらにこの本の第一稿の下読みまでしてもらった。この本が少しでも読みやすく間違いが少なくなったとしたら彼のおかげである。この本を書くにあたっては大回顧のカタログのアプラさんの文章のほか、西村安弘さんの「イタリア映画日本公開年表」と小松弘さんの「無声期のイタリア映画」に大いに助けられた。大回顧のフィルムセンターでの開催をリードしたのは岡島尚志さんだが、彼はいくつもの映画祭の共同企画を通じて多くを教えてくださった私にとって恩師である。チネテーカと縁ができた私は、二〇〇四年にヴィスコンティの全映画を上映する「ヴィスコンティ映画祭」を有楽町朝日ホールで開催することもできた。

そのほか、朝日新聞社の後輩（吉羽陶子さんと平野菜穂子さん）、イタリア大使館の方々（マリオ・ボーヴァさんほか歴代大使と文化担当官で後にイタリア文化会館館長となったパオロ・カルヴェッティさん）、イタリア文化会館（歴代館長さんたちと深川充子さん）、カタログや朝日新聞に文章を寄せていただいた秦早穂子さんをはじめとする多くの筆者や訳者の方々。映画祭の宣伝担当の樂舎・和氣道子さん、運営を委託したぴあ・森本英利さん、デザイナーの内田雅之さん（本書のために写真をさがしてくれた）や故・坂川栄治さん、廣村正彰さん、イタリア側のパートナー（何度も名前を変えて今はチネチッタの一部）のカルラ・カッターニさんとラファエッラ・パラディーノさん。そのほか来日して素敵な話を聞かせてくれたイタリアの監督たちや俳優たちとその通訳をした田丸久美子さん。この本のゲラの段階でイタリア人名の日本語表記を確認したフランチェスカ・ダバレッリ・デ・ファティスさんと岡本太郎さん。ジュリエッタ・マシーナ（本当はマジーナ）以外は現地の発音に近くした。みなさんの協力があってこの本が生まれた。

私がイタリア映画の素晴らしさを初めて知ったのは学生時代で、ベルナルド・ベルトルッチの『暗殺の森』や『1900年』、タヴィアーニ兄弟の『父 パードレ・パドローネ』や『サン★ロレンツォの夜』、エルマンノ・オルミの『木靴の樹』などによってである。それらをすべて配給した今はなきフランス映画社（当時は「イタリア映画社」と言う者もいた）の柴田駿さんと川喜多和子さんの両故人に、今さらながら尊敬の念を捧げたい。そう言えば、二〇〇一年のイタリア映画大回顧では、朝日新聞の石飛徳樹記者と共にヴェネツィアでベルトルッチに、ローマでタヴィアーニ兄弟にインタビューすることができたが、学生時代からの憧れの存在に会えて本当に感激した。また大学院生の時にフェリーニへの情熱を語ってくれた岩本憲児《けんじ》先生には長年お世話になった。一九九九年にパゾリーニ映画祭を開催すべく、前年にローマのパゾリーニ財団を仕切っていた女優ラウラ・ベッティさんに一緒に会いに行ってくれた田中千世子さんと映画祭の中心になった四方田《よもた》犬彦さんにも多くを学んだ。

イタリア映画祭を始めた今世紀にイタリア映画を劇場公開したアルシネテラン、アルバトロス、オンリー・ハーツ、ギャガ、クレストインターナショナル、コムストック・グループ、ザジフィルムズ、シンカ、セテラ・インターナショナル、チャイルド・フィルム、東京テアトル、ビターズ・エンド、ミモザフィルムズ、ムヴィオラ、樂舎など（もっとあるはず）の配給会社の方々、上映した岩波ホール、シネスイッチ銀座、ユーロスペース、Ｂｕｎｋａｍｕｒａル・シネマなど劇場の方々にも感謝したい。

そしてもちろん、本書の担当編集者の吉田隆之介さんに深くお礼を申し上げたい。彼の丁寧なアドバイスのおかげで、私が持ち込んだ企画を何とか出版までこぎつけることができた。集英社新書にはすでに中条省平さんの『フランス映画史の誘惑』と四方田犬彦さんの『日本映画史１１０年』がある。彼らにはとても及ばないが、尊敬するお二人に続くのは筆者として大いなる光栄である。この本に使った「映画大国イタリア」という言葉は、蓮實重彦氏責任編集の伝説の季刊誌「リュミエール」のイタリア映画特集のタイトルから勝手にいただいた。私の原稿が最初に活字になったのはこの雑誌だし、蓮實さんにはイタリア映画大回顧をはじめとしていくつもの映画祭でお世話になった。さらに本書の推薦文までいただいた。

もともと私自身、大学はフランス文学の専攻でフランスに留学経験があるが、イタリア語は大量のイタリア映画を見ながら学んだ感じで、簡単な会話さえも怪しい。それでもイタリアとその映画の魅力に導かれて何とか書き終えることができた。それにしても、インターネットで海外の配信や動画にアクセスでき、イタリアのＤＶＤも簡単に買える時代でなかったら、この本はとても書けなかった。

みなさん、お世話になりました。

イタリアに極右政権が誕生した二〇二二年秋に

古賀　太

註

序章

＊1　『イタリア映画大回顧』（映画祭カタログ）、朝日新聞社、二〇〇一年、七頁

第一章

＊1　Sous la direction d'Aldo Bernardini et Jean A. Gili. *Le cinéma italien 1905-1945 de La Prise de Rome à Rome ville ouverte*, Centre Georges Pompidou, 1986, Paris

＊2　ジャン・ピエロ・ブルネッタ著、川本英明訳『イタリア映画史入門　1905—2003』鳥影社、二〇〇八年、三六頁

＊3　小川佐和子『映画の胎動　一九一〇年代の比較映画史』人文書院、二〇一六年、一五九—一六六頁

＊4　前掲『映画の胎動』一八〇頁

＊5　前掲『イタリア映画史入門』四九九頁

＊6　前掲『イタリア映画大回顧』四一頁

＊7　飯島正『イタリア映画史』白水社、一九五三年、一〇五頁

第二章

＊1　前掲『イタリア映画史入門』一二七頁

＊2　「白い電話」については、石田美紀「1930年代ファシスト政権下イタリアにおけるジャンル映画『白い電話 Telefoni bianchi』の考察」「映像学」六五号所収、日本映像学会、二〇〇〇年を参照。

＊3　前掲『イタリア映画大回顧』五七頁

第三章

＊1　岡田温司『ネオレアリズモ　イタリアの戦後と映画』みすず書房、二〇二二年、五―六頁

＊2　柳澤一博『ヴィスコンティを求めて』東京学参、二〇〇六年、二三―二四頁、引用の原典は、「カイエ・デュ・シネマ」一九五九年三月号。

＊3　アンドレ・バザン著、野崎歓ほか訳『映画とは何か』上下巻、岩波文庫、二〇一五年

＊4　ジル・ドゥルーズ著、宇野邦一ほか訳『シネマ2＊時間イメージ』法政大学出版局、二〇〇六年、三頁

＊5　ジャンニ・ロンドリーノ著、大條成昭ほか訳『ヴィスコンティ　評伝＝ルキノ・ヴィスコンティの生涯と劇的想像力』新書館、一九八三年、一二二―一二四頁のフランチェスコ・ロージの証言

＊6　前掲『映画とは何か』下巻、一五七頁

＊7　前掲『ネオレアリズモ』五三頁

第四章

＊1　蓮實重彥「ロッセリーニによるイタリア映画史」「季刊　リュミエール」一〇号、筑摩書房、一九八七年、四〇頁

＊2　前掲『ヴィスコンティ』二八〇頁、二九六頁

＊3　Enrico Giacovelli, *C'era una volta la commedia all'italiana*, Gremese International, 2015, p98

第五章
＊1　岡田温司『イタリア芸術のプリズム　画家と作家と監督たち』平凡社、二〇二〇年、一〇七頁
＊2　シネマ・ヴェリテは、ロシア語の「キノ・プラウダ」（映画・真実）の仏語で、フランスの一九六〇年代前半のドキュメンタリー革新運動。街頭でのインタビューを取り入れた『ある夏の記録』（一九六一年、未）はその代表作。
＊3　前掲『イタリア映画大回顧』一二一頁
第六章
＊1　これについては四方田犬彦『パゾリーニ』（作品社、二〇二二年、一〇〇四―一〇一四頁）にくわしい。
＊2　前掲『イタリア映画史入門』三二六頁
＊3　前掲 *C'era una volta la commedia all'italiana* による。
＊4　前掲『イタリア映画大回顧』一三一頁
第七章
＊1　前掲『イタリア映画史入門』五〇二―五〇三頁の表による。
＊2　『イタリア映画祭２００１』（映画祭カタログ）、朝日新聞社、二〇〇一年、一九頁
＊3　前掲『イタリア映画史入門』四一九頁

参考文献（註に挙げた文献以外）

『イタリア映画祭』カタログ（二〇〇一年から二〇一九年まで）、朝日新聞社

吉村信次郎「イタリア映画史」『世界の映画作家32　イギリス映画史　イタリア映画史』所収、キネマ旬報社、一九七六年

柳澤一博『映画１００年　ＳＴＯＲＹまるかじりイタリア篇』朝日新聞社、一九九四年

岩本憲児編『フェリーニを読む　世界は豊饒な少年の記憶に充ちている』フィルムアート社、一九九四年

古賀太編『パゾリーニ映画祭　その詩と映像』カタログ、パゾリーニ映画祭実行委員会、一九九九年

古賀太、平野菜穂子編『ヴィスコンティ映画祭』カタログ、朝日新聞社、二〇〇四年

二階堂卓也『イタリア人の拳銃ごっこ　マカロニ・ウェスタン物語』フィルムアート社、二〇〇八年

山崎圭司編『イタリアン・ホラーの密かな愉しみ　血ぬられたハッタリの美学』フィルムアート社、二〇〇八年

吉岡芳子『決定版！Ｖｉｖａ　イタリア映画１２０選』清流出版、二〇一二年

『キネマ旬報ベスト・テン95回全史　１９２４－２０２１』キネマ旬報社、二〇二二年

Sous la direction de Alberto Farassino, *Mario Camerini*, Edtions du Festival International de film de Locaro, Editions Yellow Now, 1992

Pierre Sorlin, *Italian National Cinema 1896-1996*, Routledge, 1996

Alain Bichon, *Les années Moretti, dictionnaire des cinéastes italiens 1975-1999*, Acadra Distribution, Annecy Cinéma italien, 1999

Gian Piero Brunetta, *Il cinema neorealista italiano*, Storia economica, politica e culturale, Edditori Laterza, 2009

Paolo Mereghetti, *Il Mereghetti Dizionario dei film 2004*, Baldini Castoldi Dalai editore, 2003

Centro Sperimentale di Cinematografia, *Storia del cinema italiano, Volume II 1895-1911*, Marsilio, Edizione di Bianco & Nero, 2018

La Biennale di Venezia, Mostra Internazionale d'Arte Cinematografica *La Biennale di Venezia 1932-2019*, 2019

Alessandro Corsi, *Dictionnaire du cinéma italien, De la marche sur Rome à la République de Salò 1922-1945*, Vendémiaire, 2019

永遠の映画大国
イタリア名画120年史

索　引

人名索引

本書に登場する映画関係者名を、姓、名の順に50音順に配列した。

●エ

●オ

●カ

●キ

●ク

●セ

●ソ

●タ

●チ

●テ

●ヒ

●フ

●ミ

●ム

●メ

●モ

●ヤ

●ユ

●ラ

●リ

作品題名索引

本書に登場する映像作品の日本語題名を、50音順に配列した。

●か

●さ

●し

●み

●わ

古賀　太（こが ふとし）

日本大学藝術学部映画学科教授。専門は映画史。一九六一年生まれ。国際交流基金勤務後、朝日新聞社の文化事業部企画委員や文化部記者を経て、二〇〇九年より現職。著書に『美術展の不都合な真実』、訳書に『魔術師メリエス』など。現在も続く「イタリア映画祭」を二〇〇一年に立ち上げ、同年に「イタリア映画大回顧」、二〇〇四年には「ヴィスコンティ映画祭」を企画。「イタリア連帯の星」勲章騎士章を受章。

永遠《えいえん》の映画大国《えいがたいこく》 イタリア名画《めいが》120年史《ねんし》

二〇二三年二月二二日　第一刷発行　　集英社新書一一五四F

著者……古賀《こが》　太《ふとし》
発行者……樋口尚也
発行所……株式会社集英社
東京都千代田区一ツ橋二-五-一〇　郵便番号一〇一-八〇五〇
電話　〇三-三二三〇-六三九一（編集部）
〇三-三二三〇-六〇八〇（読者係）
〇三-三二三〇-六三九三（販売部）書店専用

装幀……原　研哉
印刷所……大日本印刷株式会社　凸版印刷株式会社
製本所……加藤製本株式会社

定価はカバーに表示してあります。

ISBN 978-4-08-721254-9 C0274

Printed in Japan

a pilot of wisdom

a pilot of wisdom

集英社新書　好評既刊

おどろきのウクライナ
橋爪大三郎／大澤真幸　1141-B
ウクライナ戦争に端を発した権威主義国家と自由・民主主義陣営の戦いとは。世界の深層に迫る白熱の討論。

死ぬまでに知っておきたい日本美術
山口 桂　1142-F
豊富な体験エピソードを交え、豪華絢爛な屛風から知る人ぞ知る現代美術まで、日本美術の真髄を紹介する。

アイスダンスを踊る
宇都宮直子　1143-H
世界的人気を博すアイスダンス。かつての選手たちの証言や名プログラム解説、実情や問題点を描いた一冊。

対論 1968
笠井 潔／絓 秀実　聞き手／外山恒一　1144-B
社会変革の運動が最高潮に達した「1968年」。叛乱の意味と日本にもたらしたものを「対話」から探る。

西山太吉 最後の告白
西山太吉／佐高 信　1145-A
政府の機密資料「沖縄返還密約文書」をスクープした著者が、自民党の黄金時代と今の劣化の要因を語る。

武器としての国際人権 日本の貧困・報道・差別
藤田早苗　1146-B
国際的な人権基準から見ると守られていない日本の人権。それにより生じる諸問題を、実例を挙げひもとく。

「鬱屈」の時代をよむ
今野真二　1147-F
現代を生きる上で生じる不安感の正体を、一〇〇年前の文学、辞書、雑誌、詩などの言語空間から発見する。

未来倫理
戸谷洋志　1148-C
現在世代は未来世代に対しての倫理的な責任をどのように考え、実践するべきか。倫理学の各理論から考察。

ゲームが教える世界の論点
藤田直哉　1149-F
社会問題の解決策を示すようになったゲーム。大人気作品の読解から、理想的な社会のあり方を提示する。

日本酒外交 酒サムライ外交官、世界を行く
門司健次郎　1150-A
外交官だった著者は赴任先の国で、日本酒を外交の場に取り入れる。そこで見出した大きな可能性とは。